싸움의 기술

싸움의 기술
모든 싸움은 사랑 이야기다

2020년 8월 21일 초판 1쇄 발행. 2022년 4월 28일 초판 4쇄 발행. 정은혜가 지었으며, 도서출판 샨티에서 박정은이 펴냅니다. 편집은 이홍용이, 표지 디자인은 최윤아가, 본문 디자인은 김경아가 하였으며, 이강혜가 마케팅을 합니다. 인쇄 및 제본은 상지사에서 하였습니다. 출판사 등록일 및 등록번호는 2003. 2. 11. 제25100-2017-000092호이고, 주소는 서울시 은평구 은평로 3길 34-2, 전화는 (02) 3143-6360, 팩스는 (02) 6455-6367, 이메일은 shantibooks@naver.com입니다. 이 책의 ISBN은 979-11-88244-56-0 03180이고, 정가는 16,000원입니다.

이 도서의 국립중앙도서관 출판예정도서목록(CIP)은 서지정보유통지원시스템 홈페이지(http://seoji.nl.go.kr)와 국가자료종합목록 구축시스템(http://kolis-net.nl.go.kr)에서 이용하실 수 있습니다.
(CIP제어번호 : CIP2020032813)

정은혜 지음

싸움의 기술

모든
싸움은
사랑
이야기다

산티

나와 싸워준
사람들에게
이 책을 바칩니다.

"싸움을 할 때 우리는 서로에게 화살을 들이민다고 생각하지만,
사실은 상대가 스스로를 바라보도록 거울을 내미는 것이다.
싸움은 자기 내면에 있는 미해결 과제와
자신의 가장 연약한 부분을 드러내게 하고,
서로의 가장 여린 부분을 보듬을 기회를 주기도 한다.

모든 싸움은 사랑 이야기다."

차례

들어가며

모든 싸움은 사랑 이야기다

내가 싸움에 관한 책을 쓰다니 나로서도 의외이다. 싸움을 진짜 못하기 때문이다. 나이가 들면서 많이 나아지기는 했지만, 누가 큰소리로 뭐라고 하면 눈물부터 글썽글썽 맺히고, 주먹을 꽉 쥐고 할 말을 하려고 해도 또 눈물이 그렁그렁해지고, 톡 쏘는 말을 듣고서도 반격을 못하다가 몇 시간 뒤에나 답답한 가슴을 치는 일이 평생 있어왔다. 벼르고 벼르다가 큰소리를 내거나, 순간 참지 못하고 욱해서 큰소리를 낼 때도 물론 있었는데, 그럴 때는 숨고르기 없이 갑작스럽게 으르렁대거나 너무 심한 말을 하고는 바로 죄책감이 들거나 부끄러워져서 두고두고 후회하고는 했다.

어렸을 때 나는 친구들에게 두 가지 자랑을 하고 다녔다. 우리 집이 가난하다는 것과, 친구들과 한 번도 싸운 적이 없다는 것이었다. 소공녀 같은 동화 속 인물의 이야기를 읽으면서 가난하다는 것은 곧 착한 것이라는 믿음을 품게 되었고, 나는 착하려고 애쓰는 아이였다. 나중에 커서 보니 실제로 가난했지만, 그때는 우리 집이 정말로 가난하다는 사실을 몰랐다.

가난은 상대적인 것인데, 당시 내가 친하게 지내고 싶었던 산동네 아이들의 가난은 먹을 것이 없고 갈아입을 옷이 없고 엄마나 아빠가 없는 것이었다. 나는 그 산동네 아이들과 친해지고 싶어서, 내가 입고 있는 예쁜 원피스들은 다 사촌에게 물려 입은 것이고 우리 집은 빚이 엄청 많다는 점을 강조해서 말했다. 내 도시락을 나눠 먹고자 했지만, 나눠 먹을 도시락은 물론 도시락을 싸줄 엄마도 없는 아이들은 나를 끼워주지 않았다. 그래서 결국 나는 외톨이가 되었다.

학교에서 친구 맺기라는 중요한 인생 과제에 실패한 나는 외로웠다. 함께 손을 잡고 다닐 단짝 친구나 같이 도시락을 나눠 먹을 친구 그룹이 없었다. 하지만 어느 쪽에도 속해 있지 않다 보니 반 아이들이 싸울 때 중재자가 되거나 고민 상담을 해주면서 나름 필요한 존재가 되었다. 내가 그런 역할을 한다는 것이 뿌듯하기는 했지만, 마음속에는 늘 허전한 감정이 있었다.

어른이 되어 돌이켜보니 그 허전한 감정이란 싸우지 않고 경쟁

하지 않는 착한 아이가 된 대신 관계의 중심에는 들어가 있지 못하는 데서 오는 느낌이었다. 한마디로 나는 싸우지도 않고 영향을 미치지도 않는 '깍두기'(깍두기란 고무줄놀이나 공기놀이 같은 놀이를 할 때 놀이에 참여는 할 수 있지만 점수에 영향을 주지는 않는 아이를 말한다. 그렇기 때문에 실수를 해도 아무도 뭐라고 하지 않지만 동시에 아무런 기대도 받지 못한다. 놀이를 잘 못하는 친구나 나이가 어린 동생을 놀이에서 제외시키지 않고 '깍두기'로 있는 듯 없는 듯 끼워서 같이 놀았다)가 된 것이다.

성인이 되어 나는 결국 치료사가 되었고, 관계에서 일어나는 수많은 문제들을 듣고 중재하는 일을 하게 되었다. 그러나 개인적인 내 삶은 여전히 관계의 중심에서 한 발짝 벗어나 있는 듯한 느낌이 늘 있었다. 그러다 중년이 되어 제주도 중산간 시골 마을로 이사를 왔고, 이 작은 마을에서 매일 만나다시피 하는 친구와 싸우기 시작하면서 나는 비로소 깍두기에서 벗어났다.

바다가 가깝고 숲이 가까워서 살기로 선택한 마을에서 나는 정말 좋은 동갑내기 친구를 만났다. 어렸을 때부터 갖고 싶었던 마을 친구가 생기다니! 이런 친구가 있다는 게 너무 기뻐서 언젠가는 친구에 대한 책을 쓰리라 생각했다. 우리가 경험한 우정에 대하여 나누고 싶었고, 다른 사람들도 이런 우정을 알기를 바랐다. 그런데 내가 우정에 대하여 깨달았다고 생각한 것은 너무나 선부른 판단이었다. 왜냐하면 우리는 곧 크고 작은 일들로 싸우기 시작했기 때문이다.

우리는 서로 신경을 긁는 것부터 가슴 깊숙이 훅을 날리는 것까지 다양한 방식으로 싸웠다. 이 정도면 다 싸웠겠지 싶은데도 싸울 일이 계속 있었다. 놀라운 것은 그렇게 싸우면서도 관계가 나빠지기는커녕 서로에 대한 이해가 깊어졌다는 점이다. 싸움을 통해서 해결된 것도 있지만 끝까지 해결되지 못한 것들도 있었는데, 그럼에도 불구하고 서로에 대한 신뢰가 더 깊어졌다. 그리고 싸움을 통해 건드려지지 않았다면 몰랐을 자신의 다른 모습도 많이 알게 되었다. 그러다 보니 원래 계획대로라면 친구와의 우정에 대한 이야기를 쓰고 있어야 할 지금, 아이러니하게도 싸움에 대한 책을 쓰고 있는 것이다.

친구랑 싸우는 이유는 다양했지만, 대개는 각자가 중요하게 여기거나 살면서 지키고자 하는 가치가 존중받지 못할 때 싸우고는 했다. 나는 자유로운 표현을 중요시하는 사람으로 내가 진심으로 원하는 것을 할 때 다른 사람들이 이해해 줄 거라는 생각을 가지고 있는 반면, 친구는 공동체 안에서 사람들 사이의 관계와 배려를 중요하게 여기며 '우리'라는 주어로 생각하고 행동했다.

우리가 싸울 때는 '존중'이라든가 '배려' '가치' 같은 단어를 많이 썼지만, 정작 싸움의 이유는 함께 먹는 밥상에서 둘 다 좋아하는 계란말이 반찬을 내가 다 먹어버린다거나, 약속 시간을 지키지 않는다거나, 자기가 원하는 방법으로 놀지 않는다거나 하는, 매우 구체적이고 때로는 유치한 혹은 아예 답이 없는 것들 때문이었다. 반응에 반응을 하면서 싸움은 증폭되고, 시작은 미약했으나 결과는 늘 창대했다.

싸움을 하다 보면 언젠가 더 이상 싸우지 않는 날이 오리라 생각했으나 그런 날은 아직 오지 않았다. 그 대신 싸움도 자꾸 하다 보니 늘어서 싸움의 언어와 싸움의 기간에 효율적인 변화가 생겨났다. 더 직접적인 언어를 쓰자 싸움이 간결해지고 시원해졌다. 더 이상 '존중'이나 '배려'나 '가치' 같은 고차원적인 단어를 쓰지 않고, '계란말이'와 '약속 시간'과 '놀이'에 대해 이야기를 했다. 그러고는 결국 "너는 왜 네 맘대로만 해?" "나랑 놀기 싫어?" "내가 얼마나 착한데 나한테 그래?" 같은, 쓰기에도 민망하고 다른 사람에게 옮기기에도 너무 유치한 수준으로 말하면서 싸웠다.

더군다나 여러 전통의 대화법들에서 평화로운 관계를 위해 가르치는 '나 전달법I statement'("나는 ~하게 느껴")이 아니라 화를 불러일으킨다는 '너 전달법you statement'("네가 나한테 그랬잖아")을 쓰기 시작하면서 직접적이고 날것의 언어로 대화하기 시작했다. "네가 그랬잖아"라는 식의 말은 평화의 언어와는 거리가 멀지만, 교묘한 남 탓을 하면서 자신은 화를 안 냈는데 상대방이 격하게 반응하더라는 식의 '남 탓'과 '책임 전가'를 할 수 없게 했다. 누가 봐도 내 화는 나의 것임이 분명했기 때문이다. 당연히 싸움은 쉽거나 편하지 않았지만, 가슴이 터질 것 같던 답답함은 없어졌다. 그리고 이렇게 직접적인 언어로 싸우니, 싸우다가 멈추게도 되고, 서로의 모자람을 덮어주기도 하고, 알면서도 모른 척 지켜주고 싶은 것들이 생겨나기도 했다.

나아가 우리가 내뱉는 언어는 물론 표정이나 태도 같은 비언어적 표현 속에 비난과 판단의 화살을 미묘하게 숨겨놓고 스스로도 인식하지 못한 채 평화로운 사람인 양 이야기해 왔다는 사실도, 그 화살이 얼마나 날카로웠는지도 차츰차츰 알게 되었다. 우리는 자신의 무죄와 선함을 주장하면서 공격과 반격을 번갈아하는 동안 실은 "나는 이런 사람이야"라고 자신의 정체성을 피력하고 있었음을 알게 되었다. 우리는 그렇게 싸움을 통해 서로가 지키려 한 정체성이 무엇이었는지를 거울삼아 보여주었다.

그러고 나니 많은 현자들이 이미 수도 없이 말했던 것, 분노를 자극하는 것과 분노의 원인은 다르다는 사실을 서서히 깨닫게 되었다. 상대방으로 인해 내가 분노했다면 그건 이미 내 안에 있는 것을 그가 건드린 것(즉 자극한 것)뿐이요 그가 곧 내 분노의 원인은 아니라는 사실을 말이다. 수도 없이 들었던 이야기지만 내가 정말 이러고 있었다는 것을 친구가 우정을 걸고 끝까지, 끈질기게 싸워줘서 알 수 있었다.

그렇게 우리는 싸우고 또 싸움을 극복하는 과정에서 관계가 성장해 갔다. 더 이상 무엇 때문에 싸웠는지, 누가 이기고 졌는지, 누가 더 잘못했는지는 중요하지 않게 되었다. 그 덕분에 싸움은 해결을 통해 갈등 전의 상태로 돌아가는 것이 아니라 싸움을 넘어서 성장하는 것이라는 사실을 배웠다.

이해하고 싶지 않은 사람들이 있다. 과거에 나를 속상하게 했기 때문에 그냥 화난 상태로 머물러 있고 싶지 이해하고 싶지 않은 것이다. 그런데 희한하게도 내가 새롭게 가까워진 사람들을 통해서 이전에 해결하지 못한 갈등을 다시 만나고는 한다. 마치 삶이 나에게 이것을 이해하고 풀기 전에는 놓아주지 않겠다고 말하는 것처럼 말이다. 신비주의자들에 따르면 이것은 삶이 또는 신神이 내게 이번 생에서 풀라고 내준 숙제를 풀지 못해서이고, 심리학 이론에 의하면 아직 내가 해결하지 못한 이슈를 가지고 있는 유형의 사람들을 자꾸 알아보고 그들과 관계를 맺기 때문이다.

나는 마을 친구와 싸움을 계속하면서, 이 싸움이 그 친구 한 사람과의 싸움이 아니라 내가 삶을 통틀어 애매하게 싸웠거나 피해온 모든 싸움을 대변한다는 느낌이 들었다. 그런 면에서 이 책은 한 친구와의 싸움 이야기이기도 하고, 내가 싸워온 모든 사람들과의 이야기이기도 하다.

이 책은 평등하고 가까운 위치에 있는 두 성인 사이의 싸움을 다루고 있다. 그 두 사람은 친구나 동료일 수도 있고 연인이나 부부일 수도 있다. 이렇게 가까운 관계에서 싸움의 목표는 잘잘못을 따져서 누가 잘했고 누가 잘못했는지를 밝히거나, 누가 위이고 아래인지 서열을 가리는 것은 아닐 것이다. 또한 어쩔 수 없는 부분들 때문에 싸우는 경우도 많으며, 결국 사람을 개조할 수 없고 가족을 바꿀 수 없고 과거로 되돌아갈 수 없기 때문에 문제의 해결 자체가 아예 불가능한 경우도 많다.

만약 잘잘못을 따져서 누가 잘못을 했는지 밝히게 되더라도 관계가 편하지 않을 것이며, 가까운 사이에서 싸움이 해결된다고 해서 그것이 싸움의 끝이나 완결을 의미하지도 않는다. 가까운 거리에 있는 사람들이 살면서 서로를 자극하거나 영향을 미치지 않을 수는 없기 때문이다. 따라서 한 가지 갈등 요소를 해결했다고 해서 다른 갈등 요소가 생기는 것을 막을 수는 없으며, 문제를 하나하나 해결해서 갈등이 없는 완벽한 관계로 나아가는 것이 우리의 목표도 아니다.

싸움은 매우 불편한 감정들을 불러일으킨다. 처음에는 싫다, 불편하다는 원초적이고 감각적인 신호만 있을 뿐, 무엇 때문에 그런 불쾌한 느낌이 드는지 잘 모르는 경우가 많다. 특히 우리는 자신의 욕구를 뒤에 숨기고 살도록 교육받기 때문에 자신이 불편한 이유를 세세하게 모르기 십상이다. 그러다가 싸우는 과정에서 '하악질'(고양이가 공격을 하기 전에 보이는 경고 신호로, 이빨을 내보이며 하악 소리를 내는 것)과 함께 불편한 마음을 일으키는 내면의 깊은 욕구가 드러나게 된다.

또 우리는 문제가 있고 갈등이 있을 때조차 좋은 말을 하려고 하고 상대의 심기를 건드리지 않으려고 애를 쓰기 때문에 진짜 문제가 무엇인지 잘 드러나지 않는 경우도 많다. 그러다가 진짜 문제가 무엇인지 홧김에 펼쳐놓게 되는데, 대부분은 아주 유치하고 치졸하며 이성적인 것과는 거리가 멀다. 스스로 허락하지 않아서 또는 표현하지 않아서 잘 모르고 있던 내면의 깊은 바람이나 욕구가, 싸움이라는 거친 방식으로나마 밖으로 쏟아져 나오게 되는 것이다. 하지만 자신이 억누르고 있는 욕구가 있음을 알아차리고, 숨 쉴 공간을 만들어주고, 보살핌의 에너지로 바라봐 주면, 그 욕구는 잠시 머물다가 사라질 수도 있고 자신의 삶을 긍정적으로 바꾸는 원동력이 될 수도 있다.

부부싸움을 다룬 것들을 제외하고는 가까운 관계 안에서 일어나는 싸움에 대해 연구한 논문이나 단행본은 거의 없다. 주변 사람들에게 싸움에 대해 물어보면 다들 할 말이 많기는 했지만,

그들의 싸움 이야기는 대개 화와 억울함의 감정과 엉켜 있어서 그들로부터 싸움이 어떤 형식과 순서로 일어나는지 듣기는 쉽지 않았다. 그렇다 보니 이 책을 쓰기 위해서 나는 내 개인적인 경험, 사람들과의 대화, 상담 사례, 책, 영화, 드라마 등등에서 싸움에 대한 단서들을 찾고, 이 단서의 구슬들을 이리저리 꿰어보았다. 관계 안에서의 싸움이란 아주 보편적인 경험이지만 동시에 세세하게는 잘 다뤄지지 않는 주제여서, 이 단서들을 찾아서 엮는 과정은 마치 추리 소설을 읽으며 단서를 찾아나가는 것처럼 흥미진진했다.

본격적으로 싸움 이야기를 하기 전에 한 가지 짚고 넘어갈 것이 있다. 이 책의 주제는 '싸움'이지 '폭력'이 아니다. 폭력은 자신은 다치지 않고 상대방만 일방적으로 다치게 하는 행위라고 생각한다. 폭력은 많은 경우 힘의 불균등에서 시작한다. 공격을 당할 수 없는 높은 위치에서 공격을 당할 수밖에 없는, 힘의 위치가 낮은 자에게 폭력이 가해지고, 폭력에 대한 반격으로 폭력이 더 커지고는 하며, 폭력을 행사하는 자는 문제나 갈등이 해결되어도 멈추지 않고 상대방을 끝까지 굴복시키고자 한다.

이 책에서 말하는 '싸움'은 두 사람이 동등한 위치에 있어서 한쪽이 일방적으로 다른 쪽에 해를 가할 수 없을 뿐더러, 이미 관계 안에 들어가 있는 사람들 사이의 싸움이므로 일방적으로 한 사람만 다칠 수도 없다. 또한 상대방을 굴복시키거나 항복시키는 것이 목표가 아니라, 자신의 주장을 펼쳐서 서로가 원하는 것을 조정하며 갈등을 표면화해 꼬이고 얽힌 부분을 푸는 것이 목표이다.

고릴라는 자신의 영토임을 밝히기 위해서 침입자에게 이빨을 드러내고 가슴을 치며 소리를 지르지만, 한쪽이 패배를 인정하고 물러나면 더 이상 쫓아가 물거나 하지 않는다. 인류도 오랫동안 이렇게 싸움을 했었다고 한다.[1] 또한 싸움을 하고 나서 입을 맞추고 털 고르기를 해주며 적극적으로 화해를 하는 침팬지처럼, 싸움은 관계를 강화시키는 역할을 하기도 한다. 싸움을 잘 펼칠 수만 있다면, 싸움이 서로의 의사를 조정하고, 자기 표현을 돕고, 갈등의 요소를 명료하게 하고, 관계를 증진시키는 방법으로 쓰일 수 있으리라 생각한다.

싸움의 궁극적인 목표는 싸움을 일으키는 갈등을 넘어서는 것, 즉 관계의 성장과 자기 이해이다. 싸움을 할 때 우리는 서로에게 화살을 들이민다고 생각하지만, 사실은 상대가 스스로를 바라보도록 거울을 내미는 것이다. 이 거울은 들키기 싫고 보고 싶지 않은 자신의 어두운 모습을 아주 불편하고 거친 방식으로 보여준다. 하지만 그것이 다가 아니다. 내가 미처 알지 못한, 내 안의 깊숙한 곳에 숨어 있는 내면 아이를 보여주기도 한다. 자기 감정을 주체하지 못해서 떼를 쓰고 있지만 아주 사랑스러운 아이 말이다.

우리는 수만 가지 이유로 싸우지만, 싸움이 들려주는 이야기를 잘 들어보면, 사랑받고 싶고 이해받고 싶고 인정받고 싶고 안전하고 싶은, 우리 안에 있는 깊은 욕구에 대한 이야기를 들을 수 있다. 또한 싸움은 자기 내면에 있는 미해결 과제와 자신의 가장 연약한 부분을 드러내게 하기 때문에, 서로의 가장 여린 부분을 보듬을 기회를 주기도 한다. 모든 싸움은 사랑 이야기이다.

1부 우리는 왜 싸울까?

1. 싸우기도 하는 관계

백 번을 싸워야 친구다

내가 상담을 하면서 만난 사람들은 모두 착한 사람들이었다. 삶에서 주어진 역할을 성실히 이행하려고 노력하고 좋은 사람이 되려고 애썼다. 그러면서도 우울하거나 불안해했고 삶이 이게 다인가 싶은 허망함에 괴로워하고는 했다. 그리고 진심을 나눌 친구가 없거나 친구들과 멀어져 있는 경우가 흔했다.

치료사는 질문에 대해 다시 질문을 던지는 방식으로 대화를 한다. 스승이나 멘토와는 달리 조언을 해주는 것은 우리 치료사의 주된 역할이 아니다. "선생님, 어떻게 하면 좋을까요?"라고 물으면, 대부분은 "어떻게 하면 좋을 것 같으세요?"라는 식으로 되돌려 물어보면서 스스로 답을 찾도록 돕는다.

그런데 때때로 나라면 어떻게 하겠느냐고 상대방이 되묻는 경우가 있다. 그러면 나는 에헴 하고 목청을 가다듬고 나서 나름대로 훌륭하다고 생각하는 비법을 내놓는다. 가끔은 너무 좋은 아이디어가 떠올라 무릎을 치면서 말한다. "아, 그러면 이렇게 하면 되겠네요!" 그러면 상대방도 얼굴이 활짝 펴지면서 "아, 정말 좋은 생각이네요!" 한다. 문제의 답을 찾은 것 같아서 신나는 순간이다. 그렇지만 그 좋은 아이디어를 실행에 옮기는 사람은 거의 본 적이 없다. 게다가 내가 농담하는 줄 안다.

핸드폰 때문에 자꾸 말썽을 일으키는 자녀 문제로 상담을 온 분에게 나는 "핸드폰이 안 터지는 작은 섬으로 이사 가시면 안 돼요?"라고 말하고, 유산 때문에 가족 간에 갈등이 생긴 사람에게는 "돈을 다 기부하고 모두가 가난해지면 어때요?"라고 했다. 또 인스턴트 음식만 먹는 초등학생 아들 때문에 속상하다는 분에게는 "먹을거리가 없는 인도 오지 마을 여행을 가면 문제가 해결될 거예요!"라고 무릎을 치며 말했다.

그런데 이상한 것은 내 제안이 씨도 안 먹히고, 내가 별로 도움되는 말을 하는 것 같지도 않고, 내 제안을 따라했다는 사람도 본

적이 없는데, 상담을 반복하면서 사람들이 점점 건강해지고 좋아진다는 점이다. 심지어 나중에 물어보면 우리가 나눴던 이야기를 잘 기억하지도 못한다. 그런데 도대체 무엇 때문에 좋아지는 것일까? 무슨 일이 일어났기에 아무런 행동이나 상황의 변화가 없는데도 사람들 표정이 밝아질까? 그들도 주위 사람들로부터 무슨 좋은 일 있느냐는 질문을 받는다고 한다. 그러면 그들은 자기도 이유를 잘 모르겠는데 상담을 받으면서 그냥 가랑비에 옷 젖듯 조금씩 좋아졌다고 대답한다고 한다.

내담자와 친구가 되는 것은 심리 치료사에게 금기시되는 일이다. 치료사는 타인의 삶에 개입하면 안 되고 그저 들어주고 반영해 줌으로써 그 사람 스스로 자신의 삶을 직시하고 돌아보게끔 도와야 한다. 치료사에게 기대게 해서도 안 되고, 관계에 대한 거짓된 환상을 심어주어서도 안 된다. 또 치료사 자신이 풀지 못한 내면의 문제를 내담자에게 투사하거나 자신의 문제와 타인의 문제를 구분하지 못하면 많은 문제들이 생기기 때문에, 내담자와 서로 친구가 되지 않는다는 것을 원칙으로 한다. 그럼에도 불구하고 내담자와 만남이 반복되다 보면 그 사람의 기쁨과 슬픔과 안타까움과 희망을 같이 느끼게 된다. 내 경험으로는 이런 감정적인 변화가 일어날 때, 어쩌면 '친구'가 될 때, 그 사람이 건강해지고는 했다.

심리학에 '도도새 효과'라는 것이 있다. 모든 심리 요법은 각각의 이론과 무관하게 동일한 효과를 지닌다는 연구 결과를 가리킨다. 우울증에는 인지 치료가 좋고, 자폐에는 음악 치료가 좋고, 정신분열증에는 무용 치료가 좋고, 아이들에게는 미술 치료가 좋고…… 하는 이야기들이 있다. 하지만 연구들을 종합하여 분석하는 메타 분석에서 반복적으로 나오는 결과는 어떤 치료 기법을 어떤 대상에게 쓰든지 상관이 없다는 것이다. 심지어 치료사의 철학적 관점이나 학문의 바탕이 프로이트 학파냐, 융 학파냐, 아들러 학파냐 하는 것도 별로 중요하지 않다고 한다. 중요한 것은 단지 치료사의 공감적인 태도뿐이며, 그 태도를 전달하는 방법은 무관하다는 것이다. 심리 치료가 효과가 있는 이유는 어쩌면 따뜻한 관심을 기울여주는 사람의 존재 덕분인지도 모른다. 그렇다면 이 사람이 꼭 치료사일 필요는 없지 않을까?

나는 내담자와 치료적 관계를 끝낼 때 자신을 계속 응원하고 지지해 주는 친구를 꼭 만들라는 조언으로 마무리하고는 한다. 하지만 이 말이 내담자에게는 빈껍데기 말로 들릴 수 있을 것이다. 요즘 세상에 진정한 친구를 만들기가 얼마나 어려운데, 이제 자기 할 일 다 했다고 손 털면서 하는 말처럼 들릴지도 모르겠다. 그런 우려에도 불구하고 나는 우울과 고립과 절망이 만연한 어두운 우리 사회에서 필요한 것은 더 많은 치료사가 아니라 친구라고 믿는다.

물론 친구를 갖기는 치료사를 찾기보다 훨씬 더 어렵다. 치료사의 경우 돈으로 그의 시간과 경험을 살 수 있지만, 친구는 돈으로 살 수 없다. 친구는 정성으로 값을 치르고 마음을 열어서 기꺼이 서로 영향을 주고받을 때에만 관계가 만들어지고 가까워질 수 있다. 그리고 (바로 이 점이 친구 만드는 것을 정말 어렵게 하는데) 가까워지면 서로를 건드리게 된다. 그리고 누구나 정말 가까운 친구나 애인이나 부부가 되면 아마도 싸우게 될 것이다.

자유롭지만
홀로인 그대

우리에게는 타인에게 영향을 받지 않고 독립적인 존재로 살고자 하는 욕망과, 자신에게 중요한 누군가와 깊은 관계를 맺고 싶다는 욕망이 동시에 존재하는 것 같다. 그런데 누군가와 만나고는 싶지만 참견받는 것은 싫고 개입하거나 개입받는 것도 싫다는 사람들이 요즘 들어 부쩍 늘고 있다. 어쩌면 이전 세대의 지나치게 밀착되고 개입적인 가족 관계에 대한 반작용이 아닐까 싶다. 이들은 개입이 적은 삶을 살고 싶어 자신들이 자유를 선택한 것이라고 생각한다. 하지만 실제로는 자유 대신 '자유+고립'이라는 세트를 받게 되고, 그 결과 이 중에서 원치 않았던 '고립'을 처리하고자 여러 가지 방법을 찾게 된다. 개입이 적은 SNS 친구를 맺거나, 사람이 많은 카페에서 혼자 있거나, 일회성 만남을 갖거나…… 여기에 맞춰 상업주의는 새로 생겨난 이들 1인 소비자를 위한 상품들을 쏟아내고 있다.

"시대마다 그 시대의 고유한 질병이 있다." 이것은 철학자 한병철이 《피로 사회》라는 책을 열며 쓴 첫 마디이다. 그는 이전의 규율 사회의 그늘에는 광인狂人과 범죄자가 있었다면, 지금의 성과成果 사회에는 우울증 환자와 낙오자가 있다고 말한다. 프로이트는 우울증을 내면으로 향한 분노라고 했으나, 한병철은 과잉의 시대에 발생하는 우울증은 성과 사회의 그림자라면서 그 요인 중의 하나로 유대감의 부재를 들었다. 유대감의 부재는 심리적 건강뿐만 아니라 신체의 건강에도 매우 위험하다. 건강한 노년기를 가능케 하는 중요한 요인은 '관계'이며, 외로움과 고립은 실제로 사람을 아프게 한다. 그런데도 사람들은 돈을 벌려고 하고, 타인들에게 인정받고자 하고, 직장에서 승진하려 하고, 경쟁에서 이기려고는 하지만, 세상의 무엇보다 중요한 관계에서는 갈등이 생기면 너무 쉽게 그 관계를 포기해 버린다.

한 마을에서 태어나서 비슷한 가치관을 갖고 살다가 생애를 마감하는 예전의 공동체 사회에서는 설령 갈등이 생겼다고 해도 어지간해서는 그 관계를 단절하고 어디로 가버리거나 하지 않았을 것이다. 지금 옆에 있는 사람이 좀 부족하다고 해서 더 흥미로운 사람을 찾아 나서지도 않았을 것이고 다른 사람들 사이를 기웃거리지도 않았을 것이다. 어디로 찾아 나서기도 쉽지 않았을 테니 말이다.

하지만 지금은 상황이 매우 다르다. 우리에게는 새로운 사람을 만날 많은 선택지가 주어졌고, 만족 가능성도 높아진 것 같아 보인다. 하지만 가능성은 가능성일 뿐, 선택의 자유가 많아졌다고 해서 만족감이 커졌다는 증거를 찾기는 어렵다. 되레 어딘가 더 큰 만족이 있을 것 같은 곳을 찾아 늘 헤매는 듯한 느낌이 있다. 찾고 추구하고 기대하는 목소리는 큰 데 비해 그곳에 도착하는 경험은 절대적으로 부족하다.

물론 스치듯 지나간 만족의 순간들은 수도 없이 많다. 어려운 과제를 끝내고 시원한 맥주 한 잔 들이킬 때, 문득 올려다본 밤하늘에 별이 촘촘히 떠 있을 때, 아침에 정성껏 내린 커피가 유난히 향기로울 때, 눈 쌓인 숲에서 새 발자국이나 노루 발자국을 따라 걸을 때…… 정말 살면서 그런 순간들은 너무도 많다. 그런데 그런 순간적인 만족 말고, 정말로 완전한 만족에 머물렀던 적이 있는가?

인터넷과 SNS와 텔레비전에서는 세상 어딘가에는 내가 갈망하지만 갖지 못한 만족이, 완결적인 만족이 있다고 자꾸 말한다. 누군가는 그것을 찾았다고도 한다. 영화와 소설과 드라마에서도 마치 주인공이나 화자가 지금 절대적인 만족감 속에 있는 것처럼 상황을 묘사한다. 드라마 속의 애인과 친구는 늘 다정하고 유쾌하며, 상대방이 말할 때 피곤해하거나 지루해하지 않는다. 여행지는 늘 아름답고, 식당은 늘 맛집이며, 행복은 무지개 같고, 심지어 갈등조차도 지루하지 않고 스펙터클하다. 그리고 마치 그 순간들이 영원한 것 같다.

얼마 전 비양도에 놀러 갔다가 몇 년 전 방영했던 드라마 〈봄날〉이 그곳에서 촬영되었다는 걸 알았다. 비양도는 제주도에서 배를 타고 몇 분만 가면 있는 작은 섬이다. 실제로 비양도가 아름답기는 하지만, 현실은 늘 그렇듯이 아름다운 것과 아름답지 않은 것들(예컨대 많은 해양 쓰레기)이 함께 있다. 하지만 그런 비양도를 배경으로 한 드라마는 눈부셨다. 남자 주인공(조인성 분)과 함께하기 위해서 여자 주인공(고현정 분)이 비양도 선착장에 내리는 장면에서는 완결되고 영원할 것 같은 환희가 흘렀다. 이게 현실이라면? 물론 기뻤을 것이다. 그러다 지루해졌을 것이다. 그러다 싸우기도 하고 재밌기도 하고 후회도 하고 다시 좋아지기도 하고, 그리고 일상은 대부분 자질구레한 일들로 이어졌을 것이다.

드라마는 허구이니까 그렇다손 치더라도, 요즘은 일반 사람들이 SNS에 편집해서 올리는 사진들을 볼 때도, 내가 모르는 완벽한 기쁨이나 만족이 저 어딘가에는 있는 것 같은 느낌을 받고는 한다. 페이스북과 인스타그램 등에 수도 없이 올라오는 완벽한 모습의 제주도는 실제로는 어떤가? 해변에는 쓰레기 천지이고, 바닷물에는 똥물이 그대로 방류되어 하수구 냄새가 나는 데가 여러 곳이다. 제2공항을 짓기 위해 도로를 만든다며 수백 그루의 나무들이 싹둑싹둑 잘려나갔고, 여기저기 자연을 파헤치고 주변과 어울리지 않게 생뚱맞게 지어 올린 건축물들로 보기 흉한 곳도 많다. 사람들은 네모난 스크린 안에 자기가 보여주고 싶은 예쁘고 깨끗한 모습만 담아 전달하지만, 살아있는 모든 것은 그렇게 완벽하게 예쁘기만 하지는 않다. 조화造花처럼 죽어 있는 것만이 시들지 않고 늘 예쁨을 유지한다.

드라마가 허구인 것을 모르는 사람은 없다. 인스타그램이나 페이스북에 올라온 사진이 구도가 잘 선택된 사진이라는 것을 모르는 사람도 없을 것이다. 우리 모두가 그렇게 하기 때문이다. "이것만 바르면, 이것만 먹으면, 이것만 사면……" 하고 말하는 광고가 대부분 다 과장이라는 것 역시 잘 안다. 그럼에도 불구하고 '혹시나' 하는 마음으로 광고에 눈길을 돌리는 우리 인간은 참 희망적인 존재라고 해야 할까?

완성형의 만족은 어디에도 없다. 그럼에도 그것을 추구하는 우리의 마음에는, 물론 괴로움도 있지만, 기쁨과 희망도 있다. 우리는 모두 언젠가 죽을 것을 알면서도 하루하루를 건강하게 살려 애쓰며, 결국은 늙을 것을 알면서도 꿈을 꾼다. 불완전한 삶 속에서도 우리는 기쁠 수 있고, 쓰레기가 가득한 바닷가에서도 아름다운 석양을 보며 감탄할 수 있다. 그런데 우리는 완벽한 만족을 기다리느라 지금 있는 희망을 버리는 경우가 꽤 많다. 진짜 좋은 사람을 만나서 진짜 행복하게 살려고 아무도 만나지 않고, 빨강머리 앤과 다이애나 사이 같은 진정한 우정을 꿈꾸면서도 가꾸어야 하는 관계들은 소홀히 하고, 예상되는 고통을 피하기 위해서 스스로를 고립시킨다.

'완벽한' 어떤 것이 아니라면 하지 않겠다는 마음으로 삶의 여러 부분에서 단절을 선택하고 산다면, 고통스럽지 않을지는 모르지만, 지루하고, 우울하고, 살아있다는 느낌이 들지 않게 된다. 그런 삶을 살아가는 현대인들에게 완벽한 관계를 찾기보다 싸울 수도 있는 관계를 권한다. 괴롭겠지만, 불편하겠지만, 어쩌면 바라던 이상적인 관계가 아니겠지만, 갈등을 포함하는 관계를 통해서 고립에서 나와 현실을 직시하고, 내 삶에 있는 불만족을 통과해서 살아있는 경험을 할 수 있다. 살아있다는 것은 조금씩 죽어가고 있다는 것이기도 하고, 관계를 맺고 있다는 것은 마찰이 있다는 것이기도 하며, 사랑한다는 것은 실망을 무릅쓴다는 것이기도 하다. 그럼에도 우리는 살고, 관계를 맺고, 사랑을 한다. 인간은 결코 희망을 놓지 못하는 존재라서 그렇다.

예상되는 고통을 피하느라 단절을 선택하기도 하지만, 큰 고통을 피하기 위해서 지속되는 작은 고통을 선택하는 경우도 많다. 화를 못 내니 일상적으로 짜증을 낸다든가, 애도를 하지 못하니 그 대신 멍해지고 무감각해진다든가, 부부가 갈등을 직면하지 못하니 점점 서로를 투명인간 취급한다든가, 성폭력의 고통을 덮어두는 대신 몸의 감각이 없어진다든가 하는 식이다. 우리는 때때로 정말 중요한 결정을 피하고 싶어서, 해야만 하는 것을 뒤로 미루기도 하고, 본질적인 싸움은 피하고 빙빙 도는 싸움을 지루하게 오랫동안 반복하고는 한다. 시스템을 바꿀 만한 큰 싸움은 피하고 시스템 안에서 소소한 싸움을 계속 하거나, 삶을 행복하게 할 변화를 만드는 대신 불행한 삶의 구조 속에서 순간의 소소한 기쁨을 찾는 것이다.

이 같은 맥락은 지금 우리 사회의 특징인 것 같다. 경기가 안 좋을수록 명품 가방 소비는 줄지만 명품 지갑 소비는 늘고, 비싼 레스토랑에서 외식은 안 하지만 비싼 케이크 집에는 간다. 더 이상 혁명이 없고 전복이 없는 시대, 사회적인 문제에 대한 응답으로 매우 개인적이고 매우 순간적인 대응만 있는 시대 말이다. 진짜 고통, 진짜 괴로움, 진짜 아픔을 직시하지 않으려고, 자신을 둘러싼 세상은 물론 자기의 내면과도 단절을 시도하는 것은 매우 흔한 일이 되었다. 두렵거나 아프거나 슬프거나 하는 감정을 느끼는 대신 얼굴을 스마트폰이나 텔레비전에 파묻는다든지 일이나 음식이나 운동에 중독이 되는 일은 얼마나 흔한가? 그리고 얼마나 쉬운가?

우리 사회에 만연한 우울과 고립감에서 벗어나는 방법은 더 많은 심리 치료가 아니다. 심리 치료를 필요로 하는 삶의 문제와 갈등이 물론 있지만, 일반적인 삶의 고통이 심리 치료의 주제는 아닌 것 같다. 어떤 고통은 치료가 아니라 감당을 해야 하고, 분석을 받을 것이 아니라 애도를 해야 하며, 치료사가 아니라 친구와 나누어야 한다. 심리 치료가 도움이 되는 이유는 치료사에게 받는 진정어린 관심 때문이다. 그렇다면 이런 역할을 소수의 심리 치료사에게만 맡길 것이 아니라 우리가 서로에게 좀 더 관심을 기울이면 어떨까?

우리는 바라건 바라지 않건, 가까운 거리에 있는 사람들과 끊임없이 영향을 주고받으며 상호 작용을 한다. 가까운 관계에 있는 사람들은 그 가까운 거리 때문에 개입이 가능하고, 사랑할 수 있고, 상처를 입거나 입힐 수 있다. 즉 싸울 수 있는 거리의 관계이다. 그리고 우울과 절망을 치유할 수 있는 관계 또한 싸움이 가능한 사정거리 안의 관계이다. 물론 관계의 단절이 필요한 때가 있다. 관계를 포기하는 것을 각오하고라도 자기의 존엄성을 지키기 위해서 관계를 깨야 할 때도 생긴다. 그러나 그 순간인지 아닌지를 알기 위해서도 싸움은 필요하다.

이 책을 통해서 나는 반복적인 싸움으로 인한 지겨움에도 불구하고 조금만 더, 정성을 들여서 싸워보기를 제안한다.

접촉하는 관계

《약간의 거리를 둔다》《나는 나로 살기로 했다》 이런 제목들의 책이 서점의 매대를 장식한다. 사람들이 서로의 경계를 침범하며 부담스럽고 북적대는 가정 생활과 사회 생활을 하다 보니 관계 안에서 타인과 거리를 갖고 싶어 하는 것 같다. 동시에 《죽고 싶지만 떡볶이는 먹고 싶어》 같은 개인 상담의 은밀한 이야기가 그대로 담겨 있는 책 또한 베스트셀러이다. 오랜만에 서울의 대형 서점에서 베스트셀러 책들을 보면서 이런 생각이 들었다. '나는 건드려지고 싶지 않지만 타인의 깊은 내면은 보고 싶은가 보다.'

요즘은 유명인들이 자신의 삶을 대중에게 공개적으로 보여주는 방식으로 인기를 더해간다. SNS나 유튜브 방송, 리얼리티 예능 프로그램을 통해서 그들 역시 우리와 똑같이 평범한 사람임을 보여주는 것이다. 하지만 그런 친근함은 그저 이미지에 불과하다. 이미지로 누군가를 만나는 것은 건들 수도 없고 건드려지지도 않는 거리를 사이에 두고 만나는 것이다. 그 거리는 가깝지도 멀지도 않다. 거기엔 거리가 없다.

어렸을 때 우리는 그냥 눈을 말똥말똥 뜨거나 한번 방긋이 웃거나 앞으로 한 걸음 내딛는 것만으로도 탄성과 찬사를 받았다. 그러나 어른이 되자 타인의 찬사를 받으려면 우리 자체만으로는 충분하지 않고, 훨씬 많은 것을 갖거나 할 줄 알아야 한다고 배운다. 그런데 세상은 관심받고 주목받고 사랑받고 싶어 하는 평범한 사람들에게 거울 역할을 하는 것들, 예를 들어서 카메라, 셀카, SNS, 유튜브 등을 쥐어준다.

요즘은 세상의 관심, 찬사, 탄성, 사랑을 받는 방법으로 유튜브 등 1인 미디어에서 인플루언서influencer(영향을 주는 자라는 뜻)가 되는 방법이 각광을 받고 있다. 인터넷과 핸드폰의 여러 기능은 각종 이미지적인 장치를 가지고 사람과 사람 사이의 소통을 매개한다. 자신은 전혀 웃지 않으면서 배꼽을 잡고 웃고 있는 이모티콘을 보내고, 어떤 지점에서 어떤 표정을 지어야 할지 예능 프로그램의 자막이 알려준다. 사람과 사람이 만난다는 것은 말과 얼굴 표정과 몸짓 언어와 시간과 공간을 함께한다는 뜻인데, 이제는 말과 문자, 이미지, 몸의 메시지가 함께 움직이지 않아도 된다. 촉감적인 만남이 사라지고 이미지로만 관계 맺기가 가능해 보인다.

세상이 이렇게 되어가고 있는 게 뭐가 문제일까? 흐름에 따라 사는 것이 변화하는 세상에 잘 적응하는 것이 아닐까? "왜 어른들은 사이버상에서 만나는 친구를 친구라고 인정해 주지 않나요?"라고 항의하던 중학생 여자아이도 떠오르고, 자기는 죽지 않고 사이보그가 될 것 같다고 말하던 청소년도 생각나고, 힘든 직장 생활에서 죽고 싶을 정도로 괴로워하다가 컴퓨터 게임에서 만난 친구들의 지지와 응원 덕분에 살았다고 말하는 사회 초년생의 이야기도 떠오르고, 페이스북에서 인기를 얻어 친구가 3천 명으로 늘자 우울증을 극복했다고 하는 중년 주부의 이야기도 떠오른다.

그들의 경험 또한 사실일진대 인터넷 매체와 SNS를 통해 관계를 맺는 것이 걱정되는 이유는, 우리가 아직은 그리고 어쩌면 앞으로도 쭉 온몸으로 감각하는 동물로 살 것이기 때문이다. 아무리 인간이 사이보그가 되고 있는 상황이라고 해도, 우리는 포옹의 따스함으로 위로를 받고, 함께 어루만지고 호흡을 주고받으면서 감정 조절 능력을 배우고, 시각만이 아니라 촉각과 청각 등 여러 감각으로 세상을 경험하며, 언어뿐만 아니라 몸으로 하는 비언어로도 타인과 소통한다. 인터넷과 스크린으로 접촉 없이 만나는 관계와 달리, 진짜 접촉하는 관계는 만나고 부딪치고 찔리느라 불편하다. 그리고 그러한 불편함으로 인해 자신과 상대를 알아가고 성장하게 된다.

감각하는 몸, 소통하는 몸으로 이루어지는 관계는 필연적으로 만남이 있고 헤어짐이 있으며, 그 안에 무수한 밀물과 썰물도 있고, 다가감과 멀어짐도 있다. 접촉하고 개입하는 관계에서는 서로와 자신을 알아가는 과정에서 자주 부딪치고 건드려지기도 하지만 또한 쓰다듬기도 하고 보드랍게 안기도 한다.

나르시스의 거울 친구

칭찬은 고래를 춤추게 할 수 있을까? 물론 그럴 수 있다. 그런데 칭찬으로 고래를 춤추게 해야 할까? 고래가 춤을 춘다는 것은 동물원에서 사육된 고래에게나 해당하는 사항이고, 야생의 고래는 누가 칭찬을 한다고 해서 춤을 추지 않는다. 이른바 'X세대'라고 불리는, 대략 1970년대에 태어난 사람들의 어린 시절 이야기를 들어보면, 부모에게 칭찬을 들어보지 못해 서러운 마음이 아직도 남아 있는 경우들이 많다. 그래서 자신들이 부모가 되어 자녀를 키우면서는 '잘한다' '훌륭하다' '멋있다' 심지어 '너는 완벽해' 같은 말들로 끊임없이 칭찬을 해서 아이들을 '춤추는 고래'로 키웠다.

어렸을 때 "너는 특별해"라는 메시지를 자주 들은 아이는 성장하는 과정에서 갈등과 실패를 겪고 "나는 어떤 점에서는 특별하고 어떤 점에서는 그렇지 않다"는 방식으로 믿음이 교정되기도 하지만, "너는 특별해"라는 칭찬이 "나는 특별해야 해"라는 내면화된 명령이 되어 이 명령을 받들고자 노력하게 되는 경우도 있다. 특히 이러한 내면의 명령이 아이 자신이 겪는 감정이나 경험에 대한 충분한 공감 없이 이루어질 때, 아이는 자기 존재를 걸고 스스로의 특별함을 입증해야 한다는 압박을 느낀다. 그렇다 보니 자라서도 자신을 칭송해 줄 타인을 필요로 하고, 타인에게 특별하게 보이려 노력하는 동안 내면의 자아는 공허한 채로 남게 된다. 이것이 자기애自己愛는 강하지만 내면은 공허한 나르시시즘의 특성이다.

내가 심리 치료를 처음 공부할 때 상담자는 나르시시스트를 피해야 한다고 들었다. 일단 진짜 나르시시스트들은 자신에게 결점이 없다고 생각하기 때문에 상담을 받으러 오지 않을 테지만, 만약에 온다면 당장 나가라고 호통을 쳐서 내보내야 한다는 것이다. 이유인즉슨 나르시시스트는 치료가 안 될 뿐만 아니라, 치료사의 마음을 조정하려 들고, 나르시시스트의 부푼 자아상을 건드렸다가는 자칫 '나르시시스트의 분노Narcissistic rage'라고 이름까지 붙은 특유의 분노 태풍을 맞이할 수도 있다는 것이다. 이러한 나르시시즘은 오늘날 흔한 문화·사회적 현상이 되었지만, 원래는

아주 드문 정신병리학 임상 진단이었다.[1]

흔히 나르시시즘이라고 부르는 자기애성 성격 장애Narcissistic Personality Disorder(NPD)의 대표적인 특징은 지나칠 정도로 자신이 특별하다고 느끼고, 타인들이 자신을 찬양하기를 바라며, 공감력은 매우 부족하다는 것이다. 하지만 나르시시즘이 늘 문제가 되는 것은 아니다. 발달 단계에서 아기의 유아적 자기애infantile narcissism는 살아남기 위해서 필요한 능력이며, 이는 성장하면서 자신을 사랑하고 자아 존중감을 키워나가는 데 기초가 된다. 그런 면에서 어떤 심리학자들은 유아적 자기애를 건강한 나르시시즘으로 부른다. 그 반면 건강하지 못한 나르시시즘은 내면의 공허함을 채우려 하고, 따라서 자기를 바라보는 타인을 절실히 필요로 한다. 그러다 보니 다른 사람의 인정에 지나치게 의존하는 한편 자신의 내적 경험은 빈 상태가 되고 자기의 불완전함이나 타인의 거부에 강한 정서적 반응을 나타낸다.

나는 우리 사회에서 친구라는 특별한 관계가 사라지고 있는 것과 나르시시즘이 증가하는 것이 깊은 관계가 있다고 본다. 왜냐하면 나르시시즘의 원형인 신화 속의 나르시스가 필요로 하는 것은 자기와 다른 타자로서의 친구가 아니라 자신의 거울로서의 친구이기 때문이다. 자기를 보아주고 인정해 주는 등 자신의 공허한 내면을 채워주는 사람 말이다.

고대 로마의 시인인 오비디우스Ovidius(기원전 43~기원후 17년)는 《변신 이야기*Metamorphoses*》에서 나르시스와 에코의 이야기를 전한다. 어느 날 사슴 사냥에 몰두해 있는 나르시스를 보고 숲의 요정인 에코가 사랑에 빠졌다. 헤라에게 벌을 받아 먼저 말을 할 수는 없고 오로지 상대방의 마지막 말만을 되풀이하는 요정이었다. 나르시스의 끝말을 반복하며 사랑을 구해보지만 나르시스는 그런 에코를 매정하게 거부한다. 에코는 상심한 나머지 뼈만 남는 상태가 되었다가 나중에는 목소리만 남게 되었다. 그러자 역시나 나르시스에게 거절당한 이들 중 한 명이 네메시스Nemesis 여신에게 대신 복수해 줄 것을 간절히 청했다.

"그도 이렇게 사랑하다가 사랑하는 것을 얻지 못하게 하소서!"

여신은 기도를 들어주었다. 나르시스가 맑은 샘에 물을 마시러 갔다가 물에 비친 너무나 아름다운 이를 보고 (자기 자신인) 그와 이룰 수 없는 사랑에 빠진 것이다. 그렇게 그는 먹지도 마시지도 않고 그의 곁에서 메말라갔다. 그리고 목소리만 남은 에코는 그런 나르시스를 애처롭게 지켜보았다.

남녀 관계에서 가장 문제가 되는 조합 중의 하나가 나르시스와 에코의 조합이다. 나르시스와 에코는 처음에는 마치 헤어진 자신의 반쪽을 만난 것 같은 강한 끌림을 느낀다. 에코가 나르시스의 말을 반복하기를 멈추고 자기 목소리를 내기 전까지는 말이다. 그러다가 에코가 자신의 목소리를 내는 순간 이 관계에 균열이 생기기 시작한다.

친구 관계도 나르시스-에코 조합인 경우들이 있다. 이 관계에서는 한 사람이 우위를 차지하고 있는 것은 물론이요, 한 사람의 감정과 욕구가 두 사람을 대변하는 것같이 느껴진다. 처음에는 나르시스 역할을 하는 사람과 에코 역할을 하는 사람 모두 불만이 없다. 불만이 없는 정도가 아니라 영혼의 단짝을 만난 것 같은 환희를 경험할 수 있다. 하지만 시간이 지나면서 이 나르시스-에코 조합에도 균열이 생기기 시작한다. 누구도 상대방의 거울 역할만 하고 싶지는 않을 것이고, 실제로도 그렇게 되지 않기 때문이다.

많은 사람들이 내 편, 내 단짝, 내 친구를 원하면서, 나와 다른 욕구와 가치를 가진 사람이 아니라 온전히 나의 말을 들어주고 나를 채워주는 나의 거울, 나의 샘물, 나의 에코를 바라는 것 같다. 또한 에코는 자신이 무엇을 원하는지 말하지 않아도 되는 것이 편하기도 하다. 에코는 자기의 목소리를 내지 않는 대가로 나르시스로부터 인정을 받고 사랑을 받기를 원한다. 하지만 에코는 자기 심리학self psychology을 창시한 심리학자 코헛Heinz Kohut이 말하는 자기 대상self-object일 뿐이다. 자기 대상이란 타인인 대상을 자기의 일부로 지각하는 것을 말하며, 대상인 그 사람 자체의 존재나 삶은 없다. 친구와의 관계는 주체인 자기와 또 다른 주체인 타자와의 만남이다. 그렇기 때문에 이들의 거울이 깨져야 진짜 관계를 시작할 수 있다.

[illegible] 넓힐 수도,
[illegible] 수도 있는 관계

관계에 문제가 있을 때 대부분의 사람들은 어떻게 하든 싸움은 피하고자 한다. 싸움은 불편한 일이고, 싸워서 기분이 별로 좋았던 기억도 없으며, 싸움을 통해 문제를 해결한 경험도 별로 없는 탓이다. 그렇다고 해서 안 싸우는가? 아니다. 참고 참다가 어느 순간에 폭발하는 방식으로 싸운다. 또는 참기를 도 닦기의 수준으로 승화하거나, 그것도 안 되면 심리학 공부를 하기도 한다.

얼마 전 아이들을 다 키워놓고 다시 학교에 들어가 상담학을 공부하는 지인으로부터 들은 이야기이다. 시어머니가 사사건건 참견을 하고 이래라 저래라 간섭을 너무 많이 해서 괴로워하다가, 심리학 공부를 통해 "어머님은 범불안장애다" 하고 깨달으면서 편해졌다는 것이다.

사람을 이런 유형 저런 유형으로 구분하는 방식이 한국에서 특히나 인기가 많다. 에니어그램, MBTI[2], 혈액형별 심리, 그리고 사주四柱 등등…… 에니어그램은 현대에 와서 처음으로 소개된 러시아보다, MBTI 성격 검사는 그것이 만들어진 미국보다 한국에서 더 잘 알려져 있다. 그렇게 된 여러 가지 사회적 · 문화적 이유가 있겠지만, 빠르게 확실한 답을 알고 싶어 하는 우리의 습성과, 공부를 통해서 우주를 움직이는(또는 사람 내면의 우주를 움직이는) 원리를 알고자 하는 우리의 열망이 크기 때문이 아닐까 추측해 본다. 혹은 공부를 너무 많이 하고 시험을 너무 많이 봐오면서 생긴 습관 때문에 경험의 대상인 것조차 학습 문제로 여기는 것인지도 모르겠다.

우리의 뇌는 새로 입력된 정보를 이미 습득된 정보의 카테고리에 연결시킴으로써 이해와 의미를 끌어내기 때문에, 지식을 습득함에 있어서 분류하고 비교하는 것을 피할 수는 없을 것 같다. 이러한 구분법은 우리의 뇌가 정보를 패턴화해서 저장하는 방식일 뿐 그 자체로 진리가 아니다. 그런데 우리는 이러한 분류와 구분법을 타인에게만이 아니라 자신에게도 적용한다. 내가 MBTI 무슨 유형이어서, 에니어그램 몇 번 유형이어서 그렇구나 하는 것은, 실제 그런 면이 있다고 하더라도, 마치 흐르는 물을 얼려놓고는 이것이 물의 성질이야 하고 말하는 것과 같다. '나'라는 사람은 흐르는 존재이지 멈춰 있거나 딱딱하게 고정된 존재가 아닌데 말이다.

"주관성subjectivity은 결코 완벽하게 알 수가 없다. 이것을 알려고 하는 것은 그 주관적인 면subjective quality을 무시하고 이것을 물체object로 보는 것이다. 이것을 알 수 있는 유일한 방법은 그것이 되는 것뿐이다.…… 주관성의 정확한 위치를 찾을 수 없고 소유할 수 없는 것처럼, 자기 자신에 대해서도 완벽히 알 수 없다."[3]

이러한 분류나 구분을 통해서 상대가 어떤 사람인지 규정하게 되면 상대방에 대한 예측 가능성과 통제권을 갖게 된다. 이것은 사람들이 좋아하는 종류의 권력이어서 이 유혹을 물리치기란 쉽지 않다. 관계가 심하게 얽혀 있거나 냉담해져 있을 때, 상대방이 왜 그런 태도를 취하는지 이해하는 단서를 제공하기도 한다는 점에서 이는 유용한 면이 없지 않다. 그러나 이러한 방식으로 타인을 이해하는 것은 그저 이해를 도울 뿐 관계를 깊게 하지는 않는다.

심리 치료에서 하는 '분석'이나 미술 치료에서 하는 '그림 검사'가 사람을 치유하는 것은 아니다. 분석이나 검사가 그 사람에 대한 이해를 돕는 것은 사실이지만, 치유가 일어나는 것은 문제가 되던 것이 그 문제가 일어나는 층위를 뛰어넘어 전혀 다른 형태로 변화할 때(승화), 어두운 방에 불이 켜지듯 전체의 맥락과 핵심이 한 번에 '아~하!' 하고 이해가 될 때(통찰), 문제를 일으키는 반복적인 패턴이 사라질 때(습관이나 행동의 변화) 또는 그 문제를 깊게 받아들였을 때(수용), 어떤 생각이나 감정이 움직이는 방식이 바뀔 때(생각 패턴의 변화)이다. 치유는 그 사람의 몸과 마음과 무의식 등 그 사람 전체를 통틀어 일어나는 경험이며, 이 과정에서 치료사가 (또는 친구나 가족이나 사랑하는 이가) 진심어린 지지를 보내고 그 과정 전체를 지켜보며 응원해 주는 것이다.

남녀가 만나 사랑을 할 때는 공감 능력이 최고조로 발휘되며, 우리는 어쩌면 이렇게 똑같을까 감탄을 하게 된다. 똑같음을 찾기 위해서 사랑하는 이는 자신의 산에서 내려오고, 자신의 바다를 건너서 상대의 바다를 헤엄치며, 상대의 산을 뛰어넘어 우리가 하나로 존재하는 우주를 만나게 된다. 상상력과 창조력을 극대화하여 그 속에서 나와 네가 하나가 되는 기적을 경험한다.

그런데 문제는 이런 경험이 지속 가능하지 않다는 데 있다. 상상력과 창조력이 고갈되면서 나의 우주와 너의 우주가 같지 않음을 알게 되고, 보통 '성격 차이'라 불리는 서로의 다름을 놓고 싸움이 시작된다. 한번 다름이 보이기 시작하면 점점 더 많이 보일 것이다. 그동안 다름을 못 본 게 기적이지, '성격 차이'가 있는 것이야말로 당연하고 정상이기 때문이다.

자기 자신에 대하여 누가 가장 잘 알고 가장 잘 설명해 줄 수 있을까? 일단 자기 자신은 아니다. 왜냐하면 우리는 자신을 자기 세상의 주인공으로 여기고 싶어 하는 마음이 너무 강하다 보니 내가 어떤 사람인지를 객관적으로 온전히 알기가 쉽지 않다. 좋은 관계에 있는 친구나 지인도 당신에 대해 제일 잘 알거나 제대로 말해줄 수 있는 사람은 아니다. 친구는 당신과 좋은 관계를 유지하고 싶어 하기 때문에 당신의 행동에서 이해가 안 되거나 성격상의 복잡한 점들에 대해 깊게 생각하지도 않고, 설령 알더라도 굳이 표현하려 하지 않을 것이다.

알랭 드 보통에 의하면 당신에 대해 가장 정확하게 말해줄 수 있는 사람은 좋지 않게 헤어진 연인이라고 한다. 이미 관계가 깨졌기 때문에 당신에 대해 굳이 설탕을 발라 이야기할 필요가 없는 사람 말이다. 한때 깊이 사랑했지만 "네가 정말 지긋지긋해!" 하면서 상대에게 받은 선물을 되던지며 헤어진 사이야말로, 당신의 바닥이 어떤지 가장 잘 알고 또 가장 솔직하게 이야기해 줄 수 있는 사람이라는 것이다. 알랭 드 보통이 이렇게까지 말하는 이유를 알기 위해서는 그가 생각하는 인간의 바닥이 무엇인지 들어볼 필요가 있다. 그에 의하면 바닥까지 내려가면 인간은 누구나 기본적으로 기만적이고 이기적이고 거짓말쟁이다. 그는 이 말을 우리에게 절망감을 안기려는 목적으로 한 것이 아니다. 오히려 당신만 그런 것이 아니라 우리 모두 그러하니 자신의 바닥을 상대방이 보게 될까봐 염려하지 말고, 또 당신이 타인의 바닥을 보더라도 절망하지 말라는 의도에서 긍정적으로 밝게 이야기한다.

모든 것이 설레고 완벽한 허니문 단계가 지나 서로 한 발짝 더 가까워지면, 사정거리 안에서만 알 수 있는 상대의 허점과 부족함이 보이기 시작한다. 이른바 콩깍지가 벗겨지고 있다는 증거이다. 그와 동시에 마음에 안 드는 그 점을 공격할 정확한 수단이 무엇인지도 알게 된다. 어떨 때 상대방이 움찔하거나 욱하는지 알게 되기 때문이다. 그래서 우리를 진짜 상처 줄 수 있는 사람은 친구나 애인, 부부, 가족처럼 사정거리 안에 들어와 있는 사람이다. 하지만 이들은 서로에게 펀치를 날릴 수도 있지만 동시에 서로의 약점을 보고 안아주거나 약을 발라줄 수도 있는 관계이다.

나는 지난 싸움들을 돌이켜보면서 다음과 같은 점들을 발견했다.

- 나는 싸울 때 상대방을 공격하고 있으면서도 동시에 그 사람이 내 편이기를 바랐다. 상대방을 탓하는 말을 하거나 성을 내고 있으면서도 그 사람이 빨리 자신의 잘못을 인정하고, 내 의견에 동의하고, 내 편이 되어주고, 나를 이해해 주기를 바랐다. 누구도 이리 와서 나를 안아달라는 마음과 저리 썩 꺼지라는 마음을 한꺼번에 받아주기는 쉽지 않을 것이다.

- 싸움을 할 때 나는 나의 '선함'이나 나의 '진심어림'을 내세웠다. 그런데 나와 사정거리에 있는 사람은 내 '진심' 뒤에 있는 나의 어두운 마음들, 그러니까 나는 선한데 너는 그렇지 않다고 판단하고 재단하는 마음, 나는 진심인데 너는 진심이 아니라며 공격하는 마음을 보았다.
- 싸울 때는 남을 통제하고 싶은 욕구, 지배하고 싶은 욕구, 벌주고 싶은 욕구가 일어난다. 그런데 동시에 상대방으로부터 인정과 사랑을 받고 싶기도 하기 때문에 상반된 욕구로 마음이 뒤틀리는 느낌이 들었다.
- 타인을 이해하려는 마음보다 그를 가르치려는 마음이 앞서기가 쉬웠다. 가르치는 것은 타인을 돕는 한 가지 방법이기도 하지만, 동시에 상대방이 나를 보거나 판단할 수 없도록 방어적인 위치에 서는 것이기도 하다.
- 대충 끝낸 싸움에는 선부른 사과와 반성과 용서가 있었다. 하지만 제대로 끝까지 싸운 싸움에는 이해와 자비와 사랑이 있었다. 그리고 어떤 경우도 갈등 전 상황으로 다시 돌아가지 못했다. 오히려 잘 싸우고 난 뒤에는 관계의 성장과 개인의 성장이 이어졌다.

2. 우리는 왜 싸울까?

문화와 문화의 결투

유발 하라리Yuval Noah Harari는 《21세기를 위한 21가지 제언》이란 책에서 '문화주의'의 개념을 설명하기 위해 '냉대국'과 '온화국'의 문화를 비교한다. 이 두 나라는 어떠한 판단이나 선입견 없이 논점을 설명하고자 그가 만들어낸 허구의 나라이다. 이 두 나라는 문화 차이가 큰데, 그 가운데 인간 관계에서 갈등을 대하는 태도가 많이 다르다. 그는 두 나라의 문화 차이를 이렇게 설명한다.

"냉대국 사람은 유아기부터 학교나 직장, 심지어 가정에서도 누군가와 갈등이 생기면 감정을 누르는 것이 최선이라고 배운다. 고함을 지르거나 화를 내거나 상대와 맞서는 것은 피해야 한다. 분노를 폭발시키면 사태는 나빠진다. 자기 감정을 추스르고 상황을 가라앉히는 편이 낫다. 그러는 동안 문제가 된 사람과의 접촉은 제한하고, 접촉을 피할 수 없다면 간결하면서도 정중히 대하고, 민감한 쟁점은 피하는 것이 낫다.

반면 온화국은 유아기부터 갈등은 밖으로 드러내도록 교육받는다. 분쟁에 휘말리면 속만 끓이거나 억누르지 말라. 처음부터 감정을 밖으로 발산해라. 화를 내고 고함치고 상대에게 자신의 기분을 정확히 말해주는 것이 좋다. 이것이 다 함께 정직하고 직접적인 방식으로 잘 지낼 수 있는 유일한 방법이다. 하루만 고함치면 해결할 수 있는 갈등을 그냥 두면 몇 년을 곪는다. 정면충돌이 결코 유쾌할 리는 없지만, 그러고 나면 기분이 훨씬 좋아진다."

이 두 방법 중 무엇이 더 좋을까? 둘 다 장단점이 있어서 무엇이 더 좋다고 말하기는 힘들다. 하지만 이 두 문화가 만날 때 문제가 생긴다. 만약 온화국 사람이 냉대국으로 이민 가서 취직을 한다면 무슨 일이 벌어질까? 혹은 냉대국 사람이 온화국 나라에 가서 취직을 한다면?

하라리의 추측은 이렇다. 냉대국의 회사에서 일하는 온화국 직원은 직장 동료와 갈등이 생길 때마다 탁자를 치고 소리를 질러서 너무 다혈질이라는 평판을 받는다. 그래서 승진이 어렵고, 그에게 책임 있는 자리가 주어지지 않는다. 반대로 온화국 회사에 취직한 냉대국 사람은 온화국 사람들이 보기에 무뚝뚝하고 감정을 드러내지 않는다. 온화국에서 냉대국 사람은 속을 모르겠다는 평판을 듣고, 다른 직원들과 긴밀한 협력이 필요한 일에는 안 맞는다고 여겨진다.[1]

실제로 나는 이 책을 쓰면서 많은 사람들에게 왜 갈등이 생기고 그 갈등을 어떻게 풀어야 한다고 생각하는지 물어보았다. 사람마다 다른 의견을 들려주었는데, 대부분 냉대국과 온화국의 스펙트럼 양 극단을 포함해 그 중간의 어딘가에 해당하는 이야기들이었다. 구체적으로는 문제가 생기는 것은 모두 돈 때문이라고 말하는 사람도 있었고, 종교나 사랑의 힘으로 갈등을 극복해야 한다는 의견도 있었고, 원래 관계가 깊어지면 간섭과 참견이 생기는 법이니 그 정도로 가까워지지 말아야 한다는 의견도 있었으며, 갈등을 해결하기 위해선 자기를 포기해야 한다는 의견도 있었다.

대개 젊은 사람들은 어느 선 이상 가까이 다가가지 않는 것으로, 중년 이상의 사람들은 항복과 포기를 하는 것으로 갈등 해결책을 많이들 이야기했다. 그리고 노년의 사람들은 개인의 바람보다 공동체의 가치를 더 중요시했다. 사이가 가까워지는 과정에서 싸움이 더 잦아진다는 점은 모두가 공감했지만, 그럴 때 어떻게 싸우면 좋은지 구체적으로 이야기하는 경우는 드물었다. 용서, 회피, 포기 등의 단어가 오갔지만, 싸움의 과정 자체, 즉 어떻게 싸움이 시작되고 전개되고 증폭되고 해결되는지 그 전체 시나리오를 이야기하는 것은 낯선 경험인 듯했다.

2018년 여름, 500여 명의 예멘 난민들이 제주도로 왔다. 난민에 대한 이해나 준비가 전혀 없었던지라 제주 사회는 갑작스레 혼란에 빠졌다. 그들을 무조건 돕고자 하는 사람도 있었고, 그들이 범죄자라는 등의 거짓 소문에 두려워하는 사람도 있었다. 나는 예멘 아이들에게 미술 치료를 하는 봉사를 했는데, 아이들을 돕다 보니 그 주변의 어른들도 도와야 하는 상황이 되었고, 어찌어찌 하다 보니 그들의 직업을 알선하는 일까지 하게 되었다. 그러다가 작은 문제가 하나 생겼다.

내가 소개한 농장에서 인부 세 명을 닷새 동안 쓰겠다고 해서 세 사람을 소개했는데, 나중에 알고 보니 그 세 사람이 닷새 동안 일을 한 것이 아니라 모두 여섯 명이 돌아가면서 세 사람 몫의 일감을 나눠서 했다. 농장주가 누구에게 주어야 할지 몰라 임금을 못 주고 있자, 난민 일꾼들은 농장주가 돈을 떼어먹었다고 생각하고 흥분했다. 농장주로부터 돈을 받지 못한 난민과 그 주변 사람들이 계속 나에게 전화를 걸고 메시지를 보내서 매우 골치가 아팠다.

그들이 전화를 걸거나 메시지를 보내올 때 영어를 쓰는 경우도 있고 아랍어를 쓰는 경우도 있었다. 아랍어로 온 문자는 구글 번역기로 돌려봐도 주어와 동사가 바뀌어 무슨 뜻인지 알기가 매우 어려웠다. 전화를 한 사람이 당사자인 경우도 있지만 당사자의 삼촌인 경우도 있고 형제인 경우도 있었다. 전화를 하다가 다른 사람을 바꿔주는 경우도 흔했다. 그런데 이 '삼촌'이나 '형제'라는 단어가 정말 친족을 의미하는 것인지 이웃을 의미하는 것인지, 나이가 삼촌뻘이나 형제뻘이라는 것인지, 같은 성을 가진 사촌이나 팔촌인지, 그냥 같은 마을의 씨족 사회에서 온 남자라는 뜻인지 알 수가 없었다. 또한 그중의 절반은 이름이 압둘라여서 내가 통화한 압둘라가 이 압둘라인지 저 압둘라인지, 압둘라가 이름인지 성인지 아니면 중간 이름인지도 헷갈렸다. 그리하여 누가 언제 얼마나 일했는지 하는 간단한 정보를 정리하는 데만 무려 사흘이 걸렸다.

그러다가 우연한 기회에 예멘 사람들이 어떤 문제를 놓고 토론하는 장면을 찍은 동영상을 보았는데 바로 저래서 그랬구나 싶었다. 광장에서 토론을 하는데 여러 사람이 목소리를 높이고 핏대를 세우며 동시에 말을 했다. 서로의 말을 듣는 것 같지도 않고 대화가 이어지는 것 같지도 않은데 곧 결론이 나왔다. 그러곤 마치 아무 일도 없었던 듯 모두 하던 일로 돌아갔다.

나에게 의견을 전달한 수단이 전화이고 채팅이어서 그렇지 그들의 의사 표현 방식은 광장에서 토론하는 방식과 다를 게 없다는 것을 알 수 있었다. 이런 광장형 토론 방식은 사실 많은 문화권에서 흔히 볼 수 있다. 예를 들어 인도에서 어느 한 사람에게 길을 물어보면 그 사람은 옆에 있는 모든 사람들과 의논을 한다. 한참을 서로 뭐라고 뭐라고 이야기하다가 흔히 듣게 되는 대답은 "그냥 앞으로 쭉 가세요"(Go straight)이다. 인도 여행중에 이 말 때문에 얼마나 많이 헤맸는지 모른다.

아직 공동체 문화가 많이 남아 있는 제주도의 마을에서도 어르신들끼리 의논을 할 때 옆에 있는 사람들과 동시에 말을 하고는 한다. 그러다가 의견이 좁혀져 한 분이 그렇다고 하면 모두 다 맞다 맞다 하고, 한 분이 손사래를 치며 아니라고 하면 모두 아니다 아니다 한다. 사실 이런 방식의 대화법은 전 지구적으로 보면 흔한 대화법인 것 같다. 단지 우리가 교육받은(늘 그렇게 이루어지지는 않지만, 그래야 한다고 배운) 대화 방식이 일대일의 대화 방식이고, 갈등을 해결하는 대화 방식이 찬반으로 양쪽으로 갈라 토론하는 방식이라고 배워서 이렇게 여러 사람이 동시다발로 말하는 방식이나 공동체적인 갈등 해결 방법이 낯설고 비효율적으로 느껴지는 것은 아닐까?

그렇다면 한국은 냉대국인가 온화국인가? 여기에서 많이 헷갈린다. 왜냐하면 한국은 매우 빠르게 바뀌는 문화인데다 여러 문화가 혼재되어 있음에도, 한 민족과 한 문화라는 믿음이 매우 강해서 비슷함을 이야기하기는 쉬워도 다름을 이야기하기는 어렵기 때문이다.

이전에 공동체 사회를 이루고 살았을 때는 가족이나 마을 구성원들 사이에 갈등이 생기면 이를 해결하는 공동체적인 방식이 있었을 것이다. 모두가 문제를 놓고 함께 토론을 했을 수도 있고, 집안의 어른들이 결정하도록 그들에게 맡겼을 수도 있으며, 또 어떤 문제는 쉬쉬하고 덮어두고 넘어갔을 수도 있다. 한이 맺히는 일은 무당을 불러 푸닥거리를 벌이기도 했을 것이다. 이렇게 다양한 문제 해결 방식이(또는 해결하지 않고 덮어두는 방식이) 과거의 공동체 안에는 존재했을 것 같다.

그런데 산업화와 함께 이러한 공동체가 무너지면서 우리는 끈끈한 집단주의를 멀리하는 대신 차가운 시스템을 받아들이고, 서로에게 관심을 갖고 다가가는 대신 서로의 영역을 존중하고 넘어서지 않는 것을 더 중시하는 사람들이 되어가고 있다. 물론 아직도 부부간에 문제가 생길 때 양쪽 집안의 모든 사람이 개입하는 경우도 있고, 신앙의 힘에 의존해 도움을 받으려는 사람도 있다.

그런가 하면 상담을 통해 문제를 풀려는 사람도 있고, 혼자서 속으로만 끙끙 앓는 사람도 있다. 개개인은 이렇게 변화해 가는 문화의 어느 지점에서인가 자신의 입장을 선택하고 있으며, 이러한 입장의 차이가 점점 더 커지고 있다.

예를 들어 지하철에서 누군가 폭력을 휘두르고 있거나 욕설이 오가고 있을 때, 예전 같으면 사람들이 우르르 달려 나가 말리거나 했을 텐데, 요즘은 말리는 대신 조용히 동영상을 찍어서 신고를 하거나 자신의 SNS에 올리고는 한다. 이러한 차가운 방식은 나이 많은 분들에게는 매우 낯설 것이다. 차가운 사람과 뜨거운 사람이 싸우면 뜨거운 사람이 더 뜨거워지는 경향이 있다. 화가 나고 억울한 자신의 상황에 대하여 상대방이 별것 아닌 것처럼 말하거나 무시할 때, 이 '뜨거운 불'이 빠져나갈 데가 없어지면서 자신을 더 화나게 만들기 때문이다.

우리가 자기에게 중요한 사람들에게 바라는 가장 근본적인 것은 자신의 존재를 있는 그대로 존중해 주는 것이라고 한다. 문제는 존중하고 존중을 표현하는 방식이 문화마다 다르다는 점이다. 심지어 같은 단어를 쓰면서도 매우 다른 것을 의미할 수 있다. 아무리 나와 의견이 다르더라도 나와 별로 상관없는 사람들을 존중하기는 쉽다. 그 사람의 영향력이 나에게 별로 미치지 않기 때문이다. 하지만 가까운 사람들은 다르다. 그들은 팔을 뻗으면 닿는 거리에 있는 사람들이고, 그들이 가진 가치나 생각은 나를 건드릴 수 있기 때문에 우리는 자칫 그들에게 방어적이 되기 쉽다.

세계가 더욱 글로벌화되고 있는 지금, 국가나 민족 간의 문화 차이는 흐려지는 반면 세대 간의 문화 차이, 지역 간의 문화 차이, 경제력에 따른 문화 차이, 나아가 디지털 도구와 기술의 활용이라든지 미디어 콘텐츠의 이해와 활용에서 엿보이는 디지털 리터러시 digital literacy의 차이 등 여러 층위의 문화 차이가 중첩되어 나타나고 있다. 예를 들어 서울 홍대 앞의 청년 문화는 한국의 '태극기 부대' 어르신들보다는 스마트폰으로 무장을 하고 IT 업종 일을 하는 인도 뭄바이 청년들의 문화와 더 비슷할 것이다.

여기서 말하는 '문화'는 예술이나 학문과 같이 인류가 이루어 놓은 문명을 지칭하기보다는, 무엇이 바람직하거나 바람직하지 않은지, 무엇이 옳고 그른지를 판가름해 주는 도덕 원칙이나 암묵적인 규율 등을 말하며, 사람들은 이 같은 문화적 배경을 가진 상태에서 타인들과 관계를 맺는다. 그런데 이런 문화라는 것은 마치 공기와도 같이 늘 당연하게 있는 것이어서, 다른 문화와 부딪치지 않는다면 내가 어떤 문화적 습성과 가치를 가지고 있는지 알기조차 힘들다.

한 예로 내가 살고 있는 제주도에는 육지에서 젊은 사람들이 대거 들어오면서 원래부터 제주에서 살아오던 사람들과 이들 이

주민 사이에 갈등이 생기는 경우가 종종 있다.

이곳 마을의 어르신들은 새로 이사 온 젊은 이웃에게 직접 키운 농작물을 주시고는 한다. 물어보고 주는 것이 아니라 집에 사람이 있건 없건 문을 열고 들어와 먹을 것을 마루에 놓고 가신다. 누구는 이것을 너무 고마워하고, 누구는 이것이 개인의 프라이버시에 침해가 된다고 느낀다. 특히 가까운 가족들의 간섭이나 사회생활에서의 압박에서 자유로워지고자 제주도에 이주해 온 사람이라면 이것이 더 불편할 수 있다. 그렇지만 제주 토박이 어르신들에게는 이것이 새로 이사 온 이웃에 대한 정과 관심의 표현이고, 제주도 말로 '수눌음'이라고 부르는, 척박한 환경과 고난의 역사 속에서 서로 의지하지 않고는 생존할 수 없었던 삶의 방식이다. 이것은 경계가 열려 있던 공동체 사회에서 경계가 닫힌 사회로 변해가면서 '경계' 개념에 어떻게 혼선이 빚어지는지 보여주는 예이다.

이웃하고는 서로의 다름을 존중하고 너그럽게 이해하는 정도로 넘어갈 수 있겠지만, 같이 사는 사람이 자신과 경계 개념이 다르면 매우 불편할 수 있다. 특히 상대방의 다름이 자신에 대한 위협으로 느껴질 때는 더 그러하다. 그리고 우리는 어떤 것이든 자신의 존재를 위협한다고 판단이 되면, 즉각적인 방어 태세를 취하고는 한다. 이 과정은 매우 빠르게 일어나기 때문에 도대체 자기 안에서 어떤 일이 벌어지고 어떻게 싸움이 펼쳐지는지 잘 이해하지 못하기도 한다. 싸움은 매우 개인적인 층위에서 이루어지지만, 싸움이 일어나는 뒷배경에는 변화하고 섞이는 문화적인 규칙과 가치, 그리고 다른 경계의 해석이 있다.

알지 못하는 세상은 보지 못한다

내가 미국에서 미대를 다닐 때 학교에서 유명한 한국인 여학생이 두 명 있었다. 한 명은 회화과 학생으로, 마르고 호리호리한 몸매에 하얗고 갸름한 얼굴을 가진 미인이었다. 그녀는 고개를 한쪽으로 기울여 그쪽으로 긴 생머리를 늘어뜨리고 다녔다. 게다가 하늘하늘한 드레스에 굽이 낮은 구두를 신고 다니는 모습이 단아하기 그지없었다. 마치 한국 영화나 드라마의 스크린을 찢고 나온 것 같은 전형적인 한국 미인의 모습이었다.

그런데 미국 학생들은 그녀가 너무 이상하다고 했다. 물감을 쓰는 회화과 학생이 걸리적거리게 긴 생머리를 묶지도 않은데다 나풀나풀한 드레스까지 입고, 나무로 캔버스 틀을 직접 짜고 전시를 위해 벽에 페인트칠을 해야 하는데 왜 불편하게 구두를 신고 다니는지 이해를 못하겠다고 뒤에서 수군댔다.

또 한 명은 남학생들 사이에서 학교를 통틀어 가장 섹시하다고 여겨지는 여학생이었는데, 그녀는 까무잡잡한 피부에 단단한 체구를 가지고 있고 발달된 광대뼈 덕분에 웃는 표정이 시원시원했다. 옷은 매우 개성적으로 입고 다녔고, 조소과 학생이었는데 장비를 번쩍번쩍 잘 들고 다녔다. 남학생들은 하나같이 그녀가 그렇게 매력적일 수 없다고 했다.

바로 이런 것이 프레임의 차이이다. 프레임이란 가치, 사고 체계, 판단 기준, 생각의 방식 등의 총합을 말하는 것으로, 각기 다른 프레임으로 본 사물이나 사람, 세상은 너무나 다르다. 우리가 싸울 때 서로에게 "네가 어떻게 나에게 이럴 수 있어?"라며 놀라는 경우가 아주 많은데 이런 것도 바로 프레임의 차이로 인한 것이다. 나한테 당연한 것이 상대방한테는 당연하지 않다는 점에 놀라는 것이다.

색맹인 사람이 특수 안경을 통해 태어나서 처음으로 색을 보는 장면을 찍은 동영상에 나는 한동안 푹 빠져 있었다. 한 소년이 이 안경을 쓰고 주변을 돌아보면서 "색이 보여요!" 하며 울먹이는 장면을 몇 번이나 보았는지 모른다. 한번은 서울의 지하철 안에서 이 동영상을 보다가 눈물 한 방울이 그렁그렁 맺혔다. 그리고 그 소년처럼 맺혀 있는 눈물을 아래로 또르르 떨어뜨리며 고개를 들어 천천히 주변을 돌아보았다. 그런데 이런…… 어디에도 색이 없었다! 주위에 있는 사람들은 모두 검정 롱패딩이나 코트 차림이었다. 게다가 전철 내부 인테리어도 회색톤! 색이 없었다!

우리는 흔히 자기 관점으로만 세상을 보는 경우를 가리켜 색안경을 끼고 세상을 본다고 말한다. 그런데 우리는 사실은 색안경을 낀 정도가 아니라 색맹이 아닐까 싶다. 우리는 자신이 보지 못하는 색이 있다는 사실조차 인지하지 못하기 때문이다. 그러니 자신이 세상을 왜곡하고 있다는 사실을 깨달을 리도 만무하다. 이처럼 우리가 적극적으로 세상을 왜곡하고 있지는 않다고 하더라도, 우리의 경험은 우리의 인식을 물들이는 색 팔레트가 되고 우리가 사실이라고 믿는 세계의 바탕이 된다.

어느 날 우리 집에서 모임을 갖는데 참석자들이 서로 나눠먹을 음식을 싸왔다. 그중 한 사람이 삶은 달걀을 한 접시 가져왔다. 나는 반가운 마음에 얼른 부엌으로 가서 라면 스프를 뜯어 작은 종지에 담아왔다. 이것을 보고 사람들이 의아해했다. 그들이 왜 놀라는지 이유를 듣고 이번에는 내가 놀라서 뒤로 넘어질 뻔했다. 아니, 사람들은 삶은 달걀을 라면 스프에 찍어 먹지 않는다는 것이다! 이 사실이 주는 충격은 너무나 컸다. 어린 시절 우리 집에서는 삶은 달걀을 늘 라면 스프에 찍어 먹었고, 청소년기부터는 외국에서 살았기에 그때까지 나는 한국 사람이라면 누구나 삶은 달걀을 라면 스프에 찍어 먹는 줄 알았다! 머릿속이 띵했다. 나의 우주, 나의 세상, 나의 믿음이 달걀 껍데기처럼 깨지는 순간이었다!

이 일이 나에게 더 충격적인 점은, 다른 한국 사람들과 함께 삶은 달걀을 먹어보지 않았다면 보통은 삶은 달걀을 소금에 찍어 먹는다는 사실을 평생 모를 수도 있었다는 것이다. 이 일이 있은 뒤 '삶은 달걀'과 '라면 스프'는 내 삶에서 아주 중요한 은유로 다가왔다. 내가 하는 어떤 행동이나 어떤 믿음이 또 이와 같은 경우는 없을까? 아마 수도 없이 많겠지? 다른 사람들은 어떨까? 아마 수도 없이 많겠지? 그래서 싸움이 이렇게 만연한 거겠지?

우리 집에서 자연스럽게 이뤄지는 어떤 행위들을 우리 집만의 독특한 가족 문화로 여기는 것이 아니라, 온 우주가 그러하고 모두가 마땅히 그렇게 행동해야 한다고 생각하기 때문에, 우리는 그것을 지키려고 서로 싸우게 되는 것 같다. "우리 가족은 이렇게 해" "우리 집에서는 이렇게 해" 하는 말이 자기 자신을 설명하는 내러티브의 일부가 되며, 자신이라고 여겨지는 그 내러티브를 사수하려고 싸우는 것이다. 그러면서 아래와 같이 자신에게 익숙한 것이 당연시되고 그것이 기준이 되는 것이다.

나는 이것을 이렇게 하는 것이 익숙하다.

나는 이것을 이렇게 하는 것을 좋아한다.

나는 이것을 이렇게 하는 것이 옳다고 믿는다.

나는 모두가 이것을 이렇게 해야 한다고 생각한다.
모든 사람들은 (적어도 정상적인 사람들은) 이렇게 한다.
그런데 너는 왜 그렇게 하지 않아?

우리에게는
텔레파시 능력이 없다

법륜 스님은 결혼 생활에 어려움이 있어서 조언을 구하는 사람들에게 직격탄을 날리는 화법을 쓰곤 한다. "덕을 보려고 결혼을 해서 그러는 것 아니냐?"는 법륜 스님의 답변에 질문자는 대부분 움찔한다. 그리고 그 움찔하는 모습으로 그렇다는 사실이 확인되면, 법륜 스님은 그 사람에게 다음 직격탄을 날리거나 아니면 목소리를 부드럽게 바꾸어 "상대를 탓하기에 앞서 자신을 먼저 돌아보라"고 타이르고는 한다. 그리고 그 자리에 관객으로 참여한 우리는 결혼 생활을 힘들게 한 문제의 핵심이 드러나는 것을 보면서 마치 자신들이 겪었거나 겪고 있는 문제의 원인을 깨닫기라도 한 것처럼 공감하고, 심지어는 대리만족이나 일종의 쾌감을 느끼기도 한다.

그런데 만약 내가 그 자리에서 일어나 조언을 구하는 사람이고, 누가 봐도 높은 깨달음을 얻었거나 학식이나 지위를 가졌다고 인정되는 사람이 나에게 "네가 욕심을 부렸지? 네가 더 가지려고 했잖아!"라고 직격탄을 날린다면, 나같이 새가슴인 사람은 그 말이 무슨 의미인지 깨닫기 전에 일단 움찔할 것 같다. 그런데 만약 그 움찔하는 것으로 인해 나한테 죄가 있다고 인정된다면 너무나 억울할 것 같다.

가만 생각해 보면 누구나 덕을 보려고 결혼하지 덕을 베풀려고 결혼하는 사람도 있나 싶다. 만약 타인을 구하려는 마음으로, 즉 자비와 보시의 행위로서 결혼을 한다면 그 결혼은 과연 순탄할까? 그렇다면 아예 결혼에 대한 기대를 하지 말아야 할까? 과연 기대하는 바 없이 결혼할 수 있을까? 명상이나 훈련을 통해서 순간순간 기대 없이 깨어 있는 것은 가능하겠지만, 일생을 건 선택을 할 때 그 선택에 따르는 결과가 어떨지 시뮬레이션해 볼 수밖에 없지 않을까?

직감이나 충동 혹은 자동화된 습관으로 하는 행동이 아닌 이상, 우리는 과거에 한 비슷한 경험에 빗대어 그리고 미래의 기대에 따라 선택을 하곤 한다. 이 경우 어쩌면 기대하는 것 자체가 문제가 아니라, 말하거나 표현하지 않고 있던 서로의 기대가 어느 순간 충돌하는 것이 문제가 아닐까 하는 생각이 든다.

아동심리학자인 피아제Jean Piaget에 의하면 아이들은 '마법적인 생각magical thinking'의 패턴을 가지고 있다고 한다. 마법적인 생각이란 자신의 생각이 어떤 일을 직접적으로 일으킬 거라고 믿는 것을 말한다. 예를 들어서 자기가 동생을 미워해서 동생이 아프다거나 엄마에게 화를 내서 엄마가 사라졌다고 여기는 것이다. 실제로 부모 중 한 사람이 사고나 질병으로 사망하면 아이는 자기가 나쁜 생각을 해서 그렇게 되었다는 죄책감을 갖는 경우가 흔히 있다. 부모가 이혼을 하면 자기가 엄마 아빠 말을 안 들어서 이혼한 거라고 죄책감을 느끼는 경우도 아주 흔하다. 피아제는 이런 마법적인 생각은 일곱 살 전후로 사라진다고 했지만, 가만 보면 꼭 그렇지만도 않은 것 같다. 자신이 바라는 바를 말하지 않더라도 애인이나 배우자가 알아서 해주면 좋겠다는 기대를 우리는 얼마나 많이 하는가.

우리는 옷이 스스로를 빨 것이라고는 기대하지 않는다. 하지만 늦게까지 일해서 유난히 피곤한 날, 어쩌면 배우자가 자신의 마음을 알고 빨래를 해놨을 것이라고 기대를 할 수 있다. 그런데 집에 들어와 쌓인 빨랫감을 보면 실망스럽고 화가 난다. 이런 경우가 얼마나 많은가! 우리는 생각만으로 물건이나 사람이 어떤 행동을 하게 만들 수는 없다. 옷이 내 마음을 읽고 스스로를 세탁기에 집어넣지 못하는 것처럼, 내가 말하지 않았는데도 내 소원이 뭔지 상대방이 스스로 알아차리고 들어주기는 어렵다. 그런데도 배우자에게 그런 기대를 하게 되는 것은 결혼이라는 관계 안에 내포된 일종의 사회적 계약(부부는 응당 서로를 도와야 한다든가, 부부는 서로의 필요를 채우는 존재라든가 하는)에 기대기 때문이라고 한다.

비록 명시적으로 말을 하지는 않았지만 우리는 결혼과 함께 서로 동의한 것들이 있다는 생각을 각자 하며, 각자가 생각하는 그 계약의 내용을 상대가 준수하지 않으면 화가 난다. 그리고 사랑하는 관계라면 응당 해줘야 하는 것들이 있다고 생각하는데, 그런 마음이 생기는 이유는 우리의 어린 시절 경험과 관련 있다. 즉 어렸을 때 엄마가 우리의 찡찡거리는 소리만 듣고도 우리가 배가 고파서 그런지 졸려서 그런지 알고 돌봐준 경험에 근거해서, 커서 결혼한 뒤에도 여전히 배우자에게 그런 사랑과 보살핌을 기대하기 때문이라는 말이다. 그래서 성인들 간의 관계에서도 사랑한다면 '척!' 보고도 '착!'이어야 한다고 생각할 때가 많다.

그렇다면 기대의 어긋남으로 인해 관계가 깨지는 것을 방지하기 위해서는 어떻게 해야 할까? 대부분의 사람들에게는 마음속의 기대를 말하지 않아도 알아차릴 텔레파시 능력이 없다는 사실을 마음에 새기고, 상대에게 원하는 것이 있으면 그것을 어떻게든 표현해야 한다. 그리고 표현하기 이전에 자신이 원하는 것이 무엇인지를 정확히 알아야 한다. 그런데 자신이 원하는 것이 무엇인지 알기가 말처럼 쉽지가 않다.

다음의 세 가지 기대 리스트를 참고로, 관계 안에서 자신은 상대방에게 어떤 기대를 하고 있으며 상대방은 자기에게 어떤 기대를 갖고 있는지 살펴보자. 이 외에도 다른 기대들이 다양하게 있을 수 있으므로, 나와 상대방이 서로에게 어떤 기대를 갖고 있는지 대화를 나누어보자.

안전함에 대한 기대

구체적으로 어떤 상황, 어떤 조건을 안전하다고 느끼는지는 사람마다 다르다. 그러나 대체로 사람들은 익숙한 것을 편안하고 안전하게 여기기 때문에, 긍정적이든 부정적이든 간에 익숙한 것을 찾는 강력한 습성이 있다. 따라서 어떤 사람은 지저분한 집에서 안전하다고 느끼고, 어떤 사람은 완벽하게 깨끗한 집에서 안전을 느낀다. 어떤 사람은 안정감stability보다 변화가 있는 것이 안전safe하다고 느낀다. 그러나 나한테 안전함을 느끼게 하는 것이 상대방에게도 안전함을 느끼게 할 것이라는 보장은 없다.

사랑에 대한 기대

가까운 관계에서 사랑에 대한 기대를 갖는 것은 매우 자연스러운 일이다. 그런데 어떨 때 사랑을 받는다고 느끼는지는 사람마다 다르다. 여기에는 어린 시절 부모로부터 어떤 방식으로 사랑을 받았는지가 큰 영향을 끼친다. 사랑의 표현 방법도 한 가지가 아니며, 사랑받는다고 느끼는 방식도 한 가지가 아니다. 사랑한다는 것을 말로 표현해 주어야 사랑받는다고 느끼는 사람도 있고, 자신을 위해서 헌신하는 모습을 보여주어야 사랑받는다고 느끼는 사람도 있다. 또한 사랑하면 선물이나 행동으로 그 사랑을 증명해 줘야 사랑받는다고 느끼기도 하고, 함께 다정한 시간을 보내야 사랑받는다고 느끼기도 한다.[2]

재미에 대한 기대

어떤 사람하고 함께 있는 주된 이유가 그 사람이 재미있어서라면, 만약 그 사람이 더 이상 재미가 없어지면 어떻게 할 것인가? 길게 관계를 맺다 보면 서로에게 점점 익숙해지고, 익숙해지다 보면 점점 덜 재미있어지게 마련이다. 만약 함께 있으면 재미있고 신이 난다는 이유로 어떤 사람과 결혼한다면 나중에 어느 정도는 실망할 수밖에 없다. 익숙함은 신선함을 떨어뜨리고 신나고 재미있음의 강도를 낮추기 때문이다.

부부 및 커플 상담사인 에스더 페렐Esther Perel은 사람들이 관계에서 안정감(편안함)과 재미(설렘)를 동시에 원하기 때문에 서로에게 불만을 갖게 된다고 말한다. 상대방이 자신을 안정감 있게 정박하도록 돕는 '닻'이 되는 동시에 설렘과 새로움을 주는 '바람'이 되기를 바라는데, 이것은 한 사람이 다 충족해 줄 수 없는 상반되는 요구이고, 따라서 이런 기대를 갖는 한 우리는 상대에게서 늘 부족함을 느낀다는 것이다. 상대방이 '안정감'과 '설렘'을 같은 강도로 동시에 충족시켜 줄 수 없으며, 달이 차오르다가 기우는 것처럼 이 두 가지 욕구 사이의 줄다리기는 멈춰 있지 않고 계속 변화하는 춤과 같다고 페렐은 말한다. 거기에다 과거에는 결혼과 동시에 딸려오던 기본 원칙들이(어디서 살고, 누가 아이를 보고, 누가 돈을 벌고 등등) 더 이상 당연한 원칙이 아니고 열린 선택이 되었기 때문에, 대화하고 협상해야 한다고 조언한다.[3]

제주도에 단체티를 입고 가족 여행을 오는 분들을 가끔 본다. 어느 날 식당에서 밥을 먹는데 우연히 옆자리에 앉은 자매의 이야기를 엿듣게 되었다.

"언니, 힘들어 죽겠어. 나 입술 터진 것 좀 봐."

"너는 먹기라도 할 수 있지. 나는 입 안에 바늘이 돋쳐서 잘 씹지도 못하겠어."

'가족 여행'이란 말은 참 따뜻하게 들리고 '가족 여행' 사진은 몹시 부러워 보이지만, 가족 여행은 원래 재미있기가 힘들다. 가치관이 다르고 세대가 다르고 취향이 다른 사람들이 한 '가족'이어서 같이 여행을 다니다 보면, 누구는 쉬고 싶고, 누구는 새로운 곳을 가고 싶고, 누구는 가이드를 따라다니고 싶고, 누구는 한국

식당에 가고 싶고, 누구는 안 먹어본 현지 음식을 먹고 싶고 등등 서로 다른 수많은 선택들 때문에 싸우기가 매우 쉽다.

만약 가족 여행을 하면서 재미가 없다고 툴툴대고 있다면, 가족 여행에 대한 서로의 기대가 다르기 때문임을 깨닫고 그 기대를 수정할 필요가 있을 것 같다. 가족 여행에서는 '재미'가 목적이 아니다. 가족 여행 사진을 찍으며 가족이 함께 공유하는 추억을 만드는 게 목적이고, 그 어려운 일을 함께 겪는다는 데 오히려 묘미가 있다. 그리고 추억은 뭐니 뭐니 해도 '재미'보다는 '고생'을 함께 한 것이 더 오래 남는 법이다.

문제가 되는 상반된 기대: 연결 대 독립

관계에서 어떤 욕구를 가지고 있는지 가늠하는 데 가장 강력한 요인은 우리가 말을 배우기도 전에 양육자와 맺은 애착 유형이다.(애착 유형에 대해서는 이 책의 주제를 벗어나므로 자세히 다루지 않지만, 자신이 어떤 애착 유형을 가지고 있는지 아는 것은 매우 중요하다. 이 주제에 대한 자료는 책이나 인터넷에 넘쳐나니 꼭 알아보기 바란다.) 그런데 그 가운데서도 유독 불안형 애착 패턴과 회피형 애착 패턴을 가지고 있는 사람들이 서로 사랑에 잘 빠진다고 한다. 사랑을 갈구하고 애인이 자신에게서 멀어질까봐 염려하는 불안형과 사이가 가까워질수록 일정한 거리를 두고 싶어 하는 회피형이 서로 '밀당'을 하면서 불안형의 애정 확인 욕구는 더 자극되고 회피형의 독립 욕구는 더 강해지는데, 이렇게 서로 밀고 당기고 유혹하고 멀리하는 패턴을 '사랑'이라고 여기게 된다고 한다.

과거에 보호자로부터 일관성 있는 돌봄을 받지 못한 까닭에 자라서도 상대방으로부터 버림받을까봐 두려워하며 그를 붙잡고자 하는 패턴이 생긴 불안형은, 상대방이 나를 떠날까봐 불안감에 휩싸여 있다가 사랑을 확인받으면 극적인 안정감을 느끼게 된다. 그 반면 회피형은 보호자로부터 지속적으로 거부되거나 거절을 당한 경험 때문에 자라서도 상대방에게 기대하기를 멈추고 정서적 독립성을 유지하고자 하며, 자신을 바라보며 사랑을 갈구하는 사람과 거리를 둠으로써 자신의 독립성을 확고히 하려고 한다.

이들은 이처럼 상반되는 동기와 행동을 보이기 때문에, 만약이 애착 쌍의 관계에 들어가 있다면 그 관계를 끊고 뒤도 돌아보지 말고 도망가야 한다고 조언하는 심리치료사도 있다. 그럼에도 불구하고 이렇게 서로 상반되는 유형끼리 끌리고 사랑에 빠지는 경향이 있으니, 그러한 이유는 아마도 우리에게 어린 시절의 트라우마를 치유하고, 받지 못한 사랑을 받고, 자신을 온전케 하고 싶은 무의식적인 바람이 있어서가 아닐까 싶다.

불안형은 불안, 몰두, 집착, 그리고 연결을 통한 극적인 회복을 '사랑'이라고 여기고 이러한 '사랑'을 되풀이하는 패턴을 내려놓고,

회피형은 연결, 거부, 단절을 반복하는 관계의 패턴을 내려놓아야 한다. 그래서 극적인 회복이 '사랑'이 아니고 관계를 밀쳐내는 것이 '독립'이 아니라는 것, 그것들은 단지 우리가 가지고 있는 애착 유형을 재현하는 것일 뿐임을 알아야 한다.

엄마와 건강한 애착 관계를 맺은 아기는 엄마의 품을 벗어나 아장아장 기어서 세상을 탐구하고 다시 엄마 품으로 돌아온다. 바로 이 아기의 행동에서 우리는 건강한 사랑의 모습을 발견할 수 있다. 관계에서 버림받을까봐 걱정하지도 자유를 잃을까봐 두려워하지도 않고 세상과 서로를 향해 나아갈 수 있는 용기와 자유가 있을 때 우리는 건강한 사랑을 할 수 있다.

내가 보는 것이 유리인가 거울인가?
투사의 딜레마

별일 아닌 일로 싸운다 싶은데 마치 온 영혼이 흔들리는 것 같고 내 존재의 바탕이 무너지는 것 같은 상태가 된다거나, 상대의 말에 스스로도 이해가 안 갈 만큼 큰 반응이 일어난다면, 이것은 무의식적인 원인에서 비롯한 싸움일 가능성이 크다. 그리고 이러한 싸움은 자신의 내면을 깊게 들여다보지 않는다면 다루기가 매우 어렵다.

심층 심리학이 우리 삶에 가장 크게 기여한 것은 아마도 우리의 무의식을 들여다보도록 한 점에 있을 것이다. 보이지 않은 무의식이 일으키는 역동에 이름을 붙이고 그 작용을 연구한 심층 심리학 덕분에 우리는 내면의 깊은 심연에서 일어나는 일들이 어떻게 우리의 삶을 움직이고 우리가 맺고 있는 관계에 영향을 미치는지 이야기할 수 있게 되었다. 그중에서도 '투사投射'는 싸움에서 매우 중요한 역할을 한다. 투사는 원래 그 사람의 것이 아닌 것을 그 사람에게 덧씌우는 것을 말한다. 마치 빔을 스크린에 쏘아서 스크린에 나타난 이미지를 보고 그 이미지가 스크린의 것이라고 착각하는 것과 같다.

관계에 특히 많은 문제를 일으키는 투사에는 여러 가지가 있는데, 부모 이미지의 투사와, 인정받지 못한 자신의 투사, 그리고 빛과 그림자의 투사 등이 주로 싸움의 원인이 되고는 한다.

부모 이미지의 투사

오리는 대어나서 처음 본 존재를 자신의 엄마라고 생각한다. 인간은 그 정도는 아니지만 생애 초반에 만난 부모를 통해 많은 것을 배운다. 그중에는 본능처럼 '각인'이 되어버려 스스로 바꾸거나 고치기가 매우 어려운 것들도 있다. 다행히도 유전자가 끼치는 영향이나 어린 시절 환경의 영향은 중년기가 지나고 노년기가 되면서 점점 옅어진다고 한다.[4] 하지만 평생의 친구를 사귀는 청소년기나 배우자를 선택하는 청년기에는 아직 부모의 영향이 큰 때이다.

대개 관계에서 가장 깊고 고통스러운 갈등의 원인으로 작용하는 것은 어린 시절 부모와의 관계에서 각인된 것들이다. 특히 부부 관계에서 생기는 문제가 그러한데, 각자의 부모 이미지를 서로에게 투사하여 무의식적으로 어린 시절 부모에게서 받지 못한 사랑을 배우자로부터 받거나 해결하지 못한 갈등을 풀어서 유년기의 숙제, 즉 미해결 과제를 끝내려고 하는 것이다. 이러한 철학을 바탕으로 만들어진 부부 치료 기법이 이마고Imago 부부 치료인데, 이 치료법의 핵심은 반영하기, 인정하기, 공감하기로 이루어지는 이마고 부부 대화법이다. 갈등 상황에서 서로를 탓하거나 공격하는 대신 상대방이 하는 말을 그대로 따라해 주거나(반영하기), 내가 동의할 수 없다 하더라도 그 사람의 입장에서는 그럴 수 있겠다고 표현해 주거나(인정하기), 궁극적으로는 상대방의 감정을 존중하고 그의 입장이 되어 그가 느낀 감정을 느끼는 것(공감하기)이 이 대화법의 목표이다.

이마고 부부 치료에서 이야기하는 것처럼 우리가 미해결 과제를 풀고자 하는 무의식적 바람에서 배우자를 선택한 것이 사실이라면, 한눈에 상대를 알아보거나 상대에게 반하는 것을 조심할 필요가 있다. 세상의 모든 로맨틱 소설과 영화와 드라마는 '바로 이 사람이다!' 하고 한눈에 알아보는 그 순간을 드라마틱하고 아름답게 표현한다. 그런데 시간이 멈추고, 주변의 소리가 사라지고, 무지개가 뜨고, 천사의 나팔소리가 들리는 듯한 바로 그 순간, 어쩌면 우리는 해결하고자 무의식적으로 찾고 있던 숙제를 드디어 찾은 것인지도 모른다! 내 소울 메이트soul mate가 아니라 소울 프라블럼soul problem을 말이다. 그리고 풀어야 할 숙제를 찾았다면 이제 그것을 풀 수밖에!

인정받지 못한 자신의 투사

부모의 이미지를 서로에게 투사하는 것 외에 다른 유형의 투사도 있다. 자기 내면에 있지만 인정하고 싶지 않은 욕구를 타인에게 투사하여, 그것이 내 것이 아니고 마치 그 사람의 것인 양 처리하는 방식이다. 이것은 프로이트가 말하는 자기 방어 기제 중의 하나이기도 한데, 자기 내면에 있는 욕구가 자신을 위협한다고 느낄 때 그것으로부터 자신을 보호하고자 하는 무의식적인 방어 기제이다. 시쳇말로 "방구 낀 놈이 성낸다"는 게 바로 이런 경우이다.

이러한 투사를 멈추기 위해서는 먼저 자기가 투사하고 있음을 알아차려야 하는데 이게 쉽지가 않다. 왜냐하면 투사라는 것이 자기 안에 있는 어떤 것을 자기 외부로 밀어내 그것을 보지 않으려 함으로써 일어나기 때문이다. 예를 들어 돈을 갈망하는 마음이 있지만 그런 마음을 품어서는 안 된다는 생각이 강할 경우, 돈을 많이 가진 사람을 사회의 악이라 여기고 돈이 많은 주변의 친구에 대해 좋지 않은 소문을 퍼트린다. 또 다른 예로 자신에게 동성애적인 욕망이 있는데 그 욕망을 억누르는 과정에서 동성애자를 혐오하고 반동성애자 모임에 앞장을 서기도 한다. 투사는 투사하고 있음을 직시할 때만 해결의 실마리가 생긴다. 즉 타인에게서 발견되는 불편함이 사실은 내 안에 있는 것이라는 점을 인정하지 않는다면 이는 다룰 수도 해결할 수도 없다.

록산 게이Roxane Gay의 자서전 《헝거: 몸과 허기에 대한 고백》은 자신의 몸에 대해 수치스럽고 고통스러운 기억을 충격적일 정도로 세세하게 드러낸다. 그녀는 청소년 시절 좋아했던 남자애와 그의 친구들에게 집단 성폭력을 당한 뒤부터 뚱뚱해지기 시작했다. 타인을 경계하게 되었고, 타인으로부터 자신을 지키는 요새가 되고자 몸을 불렸지만, 거대해진 몸은 오히려 수많은 사람들의 눈길을 끌었다. 이 책은 이처럼 자기 몸에 대한 수치심과 타인들이 보내는 혐오의 눈길을 용감하게 보아내고 기록한다.

그녀는 자기가 무엇을 하건 사람들 눈에는 고도비만이 먼저 보였다고 말한다. 목이 아파서 병원을 가면 의사는 비만에 대한 이야기부터 하고, 슈퍼마켓에서 음식을 사고 있으면 비만인 사람이 먹으면 안 될 것 같은 음식을 쇼핑 카트에서 몰래 빼주는 자상한(?) 사람을 만나기도 하며, 강의를 하기 위해 강단의 작은 나무의자에 몸을 걸치고 앉아 있으면 사람들이 의자가 어떻게 되지나 않을까 숨을 죽이고 바라보았다. 또 식당에서 친구와 즐거운 식사를 하고 있을 때도 사람들은 그녀가 먹는 모습을 걱정스러운 눈으로 쳐다보는 일이 많았다. 그러나 그들이 보고 있는 것은 실은 그들이 록산 게이의 몸에 투사한 자기 안의 두려움, 수치심, 혐오였다.

> "나의 몸이 문제라는 것은 바깥세상이 침범할 때만이 그러했습니다. 나는 남자애들이 매우 두려웠지만, 동시에 아주 로맨틱했고, 누군가 나를 사랑해 주는 것에 대한 관심이 많았습니다. 그래서 그런 갈망이 많기는 했지만, 사랑에 대한 상상 이상은 스스로에게 허락하지 않았습니다. 내가 점점 커지고 있는 것을 알았습니다. 나의 또래 친구들보다 많이 컸다는 것을 알았고 이것이 문제라는 것도 알고 있었습니다. 적어도 사회적으로는요. 하지만 내 자신에 대한 혐오 같은 것은 전혀 없었습니다. 내 삶에 있는 사람들이 나에게 수치심을 강요하기 전까지는 수치심이 없었습니다. 그들이 그렇게 한 이유는 그들이 내 몸을

수치스러워했고 내 몸을 혐오했기 때문입니다."[5]

이 책은 읽기가 불편했다. 수치심은 내 안에 있는 것도 보기 불편하고 타인에게서 보는 것도 불편한 감정이어서, 몸에 대한 그녀의 고백을 읽으면서 내가 내 몸에 대해 갖고 있는 불편한 감정 또한 발견하게 돼 부끄럽고 얼굴이 화끈거렸다. 그러는 동시에 수치스러움을 누르거나 투사하지 않고, 담담하게 이야기하는 그녀의 용기에 감탄했고, 이제 자신을 수용하고 스스로에게 잘해주고자 하는 그녀의 노력에 박수가 나왔다.

관계에서 투사를 멈추려면 그것이 내 안에 있는 것임을 알아차리고, 타인에게 보낸 투사를 내 것으로 가지고 와 그것을 나의 감정으로 다루어야 한다. 그런데 앞에서도 말했지만, 우리가 투사를 하는 이유는 투사하는 그 욕구나 감정이 내 안에 있다는 사실을 인정하기 힘들기 때문이다. 그래서 투사는 다루기가 매우 어렵고 다루는 과정도 몹시 고통스럽다. 우리가 그러고 있음을 누군가가 조금이라도 지적을 하면 우리는 아주 강하게 분노하기도 한다. 자신의 가장 약한 부분, 즉 급소가 건드려졌기 때문이다.

투사는 그만큼 다루기도 힘들지만 알아차리기도 쉽지 않다. 하지만 강력한 감정에 휘몰려서 자신을 건드린 상대방을 욕하고 몰아세우고 싶을 때, 그 정도가 너무 즉각적이고 강력해서 스스로도 놀랄 때, 내 안에 있는 무언가가 밖으로 나오고 싶어 하는구나 하는 것은 알아차릴 수 있다. 그렇게 알아차리는 것이 가능해지면 그 어두운 감정에게 연민의 마음으로 이리로 오라고 타일러볼 수 있을 것이다. 그렇게 투사한 내용을 상대방의 것이 아닌 내 것으로 데리고 와야 나와 타인에게 고통을 일으키는 문제를 내 책임으로 다룰 수 있다.

빛과 그림자

상담을 하다 보면 아이러니하게도 자신이 갖고 있는 선한 의도나 가치관 때문에 고통을 겪는 사람들을 만날 때가 있다. 배우자가 바람을 피워 죽고 싶을 정도로 괴로운데도 배우자에 대한 칭찬을 계속 하거나, 이제 팔십대 노인이 된 아버지로부터 심한 욕을 듣고 화가 났는데 화를 내는 것 자체를 스스로 용납하지 못해 괴로워하는 사람도 본 적이 있다. 그들은 대개 덕망이 높고 존경받는 사람들이다. 독실한 종교인이거나 교육자인 경우도 많다. 실제로 무척 선한 사람들이다. 하지만 미술 치료를 받을 때 이들이 그린 그림을 보면 의외의 것들이 발견되기도 한다. 무서울 정도로 차갑거나 어두운 면이 나타나는 것이다. 그리고 선하고 바르게 살고자 하는 이들의 노력에도 불구하고 가족이나 가까운 사람 중의 누군가는 이들이 갖고 있는 이 차갑고 어두운 그림자를 보고 반응을 한다.

칼 융Carl Jung이 말하는 '그림자'는 스스로 인정하고 싶지 않아서 묻어두고 밀쳐둔 인격의 가장 어두운 면이다. 자신이 원하는 자아상이 밝게 조명되면 될수록 그림자는 더 짙어진다는 특징이 있다. 선함을, 정의로움을 강조하면 할수록 내면에 자신도 알지 못하는 그림자가 더 어두워진다는 것이다. 그런데 그림자는 자아의 전체 속에 통합되고자 하는 욕구를 가지고 있기 때문에, 누르는 힘이 약해지거나 방심할 때 갑자기 튀어나오기도 한다. 그럴 때 자신이 그림자를 키우고 있었음을 인정하면 좋은데, 우리는 대개 자신에게 그런 면이 있다는 사실에 놀라서 이를 더 거부하거나 그림자가 튀어나오는 계기를 만들어준 타인을 공격하기가 쉽다.

그림자는 무의식 속에 꾹꾹 눌려 있어 평소에는 대면하기 힘들지만 미술 치료에서는 종종 만난다. 아마 그림은 무의식과 더 가까운 언어이기 때문이지 싶다. 갑자기 입을 다물고 부모와 대화하기를 거부해 미술 치료를 받게 된 중 3 여학생 선경이는 어둡고 섬뜩한, 동시에 놀라울 정도로 창조적이고 은유적인 그림을 그렸다. 어떻게 이런 그림을 그렸느냐고 물어보자 그냥 머릿속에 떠올랐다고 했다.

그림 속에서 한 사람이 기차 맨 뒤 칸의 지붕을 타고 가고 있는데 기차 앞에 절벽이 나오고 앞 칸들은 이미 절벽 아래로 추락

하고 있었다. 또 다른 그림에서는 어떤 사람이 가게에서 물건을 고르고 있는데, 고르는 물건이 다름 아닌 자신의 얼굴 표정이다. 얼핏 보기에는 충격적인 이미지들인데 그 이미지들이 갖고 있는 풍부한 호소력이 놀라웠다. 의식적으로 그린 그림들이 아니기에 선경이는 그 그림의 의미를 설명하지는 못했다.

치료가 어느 정도 진행되었을 무렵 선경이는 이전과는 다른 느낌의 그림을 그렸다. 숲속에 길이 있고, 길가로는 잘라진 나무들과 도끼가 놓여 있었다. 누군가가 길을 만들려고 도끼로 나무들을 다 잘라낸 것처럼 보였다. "여기에 누가 있었나 보네. 그 사람은 어떻게 되었니?" 하고 내가 묻자, 선경이는 "나무를 다 자르고 도망을 갔나 보네요"라고 퉁명스럽게 대답했다.

부모님께 선경이가 그림으로 이야기를 하고 있다고 말씀드렸더니, 부모님은 아이가 언제부터인가 학교도 안 가겠다고 하고 악마 같은 그림만 그린다고 했다. 바로 이거구나 싶었다. 선경이는 지금까지 부모님이 원하던 아이의 역할을 충실히 했고, 그러느라 이제는 자기 얼굴도 모르는 상태가 되어 있었다. 하지만 자기를 좀 가만 놔두라는 아이의 항의는 부모님의 귀에 전혀 가 닿지 않았다. 부모님이 "우리 아이가 얼마나 착했는데요. 애가 갑자기 이상해졌어요"라는 말을 반복하는 동안 선경이는 자신에게 투사된 착한 아이와 나쁜 아이 사이에서 갈등하다가 이제야 자신의 자화상을 찾아 나서기 시작한 것으로 보였다.

그림자는 내가 의식하지 못하는 나의 내면이고, 이것은 예측할 수 없는 순간 갑자기 다른 사람에게 투사된 형태로 그 모습을 나타낸다. 어떤 사람을 만났는데 아무 이유도 없이 그냥 그 사람이 몹시 싫다면, 이것은 자신의 그림자를 그 사람에게서 발견했기 때문일 가능성이 크다. 자신의 그림자를 만나면 없애려고 하기보다 끌어안아야 한다고 융은 말한다. 올바르고자 하는 모든 노력의 이면에는 그것에 반대하는 욕구가 있고, 착한 아이에게는 억압된 나쁜 아이가 있게 마련이니 함께 존재하는 방법을 찾아야 한다는 것이다.

칼 융은 모든 사람의 내면에 선과 악이라는 이중성이 존재한다는 사실을 인정하지 않는 이상, 인간들 간의 싸움과 사회의 갈등은 끊이지 않을 것이라고 했다. 자기 안에도 선과 악의 이중성이 존재한다는 사실을 인정하지 않으면, 그림자를 자기 내면에서는 보지 않고 반대편 사람의 내면에서만 보면서 그것을 악으로 여길 것이기 때문이다. 융은 개인의 그림자들이 사회의 그림자를 만든다고 믿었다. 세상에서 그림자가 짙어졌다는 것은 그만큼 빛이 밝아졌다는 말이기도 하다. 그림자는 파괴력이 있는 위험한 콤플렉스이지만, 놀랍게도 융은 그림자가 창조적인 영감의 원천이라고 보았다.

영화 〈스타워즈〉의 '에피소드 7: 깨어난 포스'에서 마지막 제다이인 루크 스카이워커가 새롭게 떠오르는 제다이 후보 레아에게 '포스'의 본질을 설명하면서 한 말이 떠오른다.

"포스는 빛이 아니다. 포스는 빛과 어두움의 균형이다."

'아'라고 말하는데
'어'를 뜻할 때

보통 사람들은 우리의 삶에서 상징과 은유가 얼마나 중요한지 잘 생각하지 않는다. 그런 것은 시인이나 예술가에게나 중요하지 보통 사람들의 인생에서는 별로 중요하지 않다고 생각한다. 하지만 우리는 상징이나 은유가 없이는 대화하기도 힘들고 감정을 표현하기도 힘들며, 나아가 느끼는 것 자체도 힘들다. "마음이 무겁다"는 표현에서 '무겁다'는 은유이다. 무게가 없고 실체도 보이지 않는 마음이 '무겁다'라는 은유를 통해 표현이 되고, 그 덕분에 서로 간에 공감이 가능해진다. 은유 덕에 실체가 없고 형태가 없는 마음속의 것들이 언어의 옷을 입고 밖으로 나올 수 있다.

《오렌지만이 과일은 아니다》《무게: 아틀라스와 헤라클레스》 등 상상력이 넘치는 소설을 쓰는 자넷 윈터슨Jeanette Winterson은 영국에서 매우 유명한 소설가이다. 나는 그의 소설을 무척 좋아한다. 예상치 못한 장면들이 펼쳐질 때 마음이 간질간질해지며 희열을 느낀다. 은유와 상징이 가득한 그의 소설들을 읽다 보면 마치 환상적인 만화경을 보고 있는 것 같기도 하고 알듯 말듯한 긴 시를 읽고 있다는 느낌도 든다.

예를 들면 소설 《열정*The Passion*》에 나오는 주인공 중 한 명은 나폴레옹의 닭고기 요리사인데, 소설에서 나폴레옹은 닭고기라면 껌뻑 죽는 캐릭터로 나온다. 요리사는 전쟁터에서 베니스 곤돌리에의 딸인 창녀를 만나 사랑에 빠지고, 우여곡절 끝에 베니스에 가서 그녀의 빼앗긴 심장을 찾아주다가 위험에 빠진다. 그러자 그녀가 신발을 벗고 물갈퀴가 있는 발로 물 위를 성큼성큼 걸어가서 그를 구해준다. 이런 식으로 예측하기 어려운 일들이 계속 이어진다. 놀라운 상상력이다.

그녀의 자서전 《왜 행복하려고 하니? 정상적으로 살 수 있는데?*Why Be Happy When You Could Be Normal*》를 보면 이러한 상상력 넘치는 생각들이 어디서 왔는지 알 수 있다. 그녀는 태어난 지 얼마 안 돼 입양된 뒤 양부모에게 지속적으로 학대를 당했다. 어린 시절 어두운 석탄 창고에 갇혀 있던 적이 많았는데, 그럴 때마다 상상 속으로 들어가 이야기를 만들며 그 시간을 버티고는 했다. 청소년이 된 자넷은 성경 말고는 아무것도 읽지 못하게 하는 양부모에 대한 반항으로, 도서관에 가서 A부터 Z까지 모든 책을 다 읽고 말겠다며 이를 부득부득 갈았다고 한다. 그때 그녀가 만난 A로 시작하는 책의 작가가 제인 오스틴Jane Austen이었다. 제인 오스틴의 유머와 아이러니와 현실감 넘치는 언어는 그녀를 매혹시켰다. 새로운 세계가 열린 것이다. 그렇게 반항으로 소설도 만나고 시도 만났다. 그녀는 자신의 괴롭고 슬픈 현실에 맞설 수 있는 강한 언어가 필요했는데 그렇게 만난 강한 언어가 '시'였다고 말한다.

> "사람들은 시가 사치라고 말한다. 교육을 받은 중산층을 위한 옵션이며, 현실과 상관이 없기 때문에 학교에서 읽을 필요가 없다고 말한다. 아마 그 사람들은 삶을 꽤 쉽게 살았나 보다. 거친 삶은 거친 언어가 필요하다.—그것이 시다."[6]

우리가 싸울 때 흔히 "말이 안 통한다"는 말을 하곤 하는데, 이는 사실들로 이루어진 그 말을 이해하지 못해서가 아니라, 그 말에 내포된 은유와 상징으로 가득한 시를 해석하지 못해서일 수 있다. 대학원에서 미술 치료를 공부할 때, 스튜디오 미술 치료를 가르쳐준 캐시 문Cathy Moon 교수는 내담자의 이야기를 들을 때 그들의 이야기를 시라고 생각하며 들으라고 가르쳤다.[7] 감정을 말할 때 우리의 언어는 시의 언어에 가깝기 때문이다. 시를 이해하려면 거기에 쓰인 단어를 감각적인 은유로 이해해야 하고, 소리 내어 읽어보아야 하고, 단어 사이사이에 있는 멈춤과 연결의 리듬을 들어야 한다. 상담을 받으러 와서 하는 사람들의 이야기는 이처럼 시로 읽어야 그 풍부함을 놓치지 않는다는 말이었다.

우리 삶에서 많은 것들, 특히 싸움을 유발할 정도로 의미가 있거나 중요한 것들은 그것 자체보다는 그것이 무엇의 상징이어서 중요한 것일 수 있다. 어떤 문제로 부딪치거나 싸울 때 우리는 그 문제 자체 때문이 아니라 그 문제가 상징하는 것 때문에 싸우고 있는지도 모른다.

대기업에 다니는 여자와 음악가인 남자가 만났다. 둘 다 평생 독신으로 살 줄 알았다. 각자 자신의 삶을 열정적으로 살고 있었으며, 결혼을 꼭 해야 한다는 생각은 없었다. 서로의 삶을 지지하고 응원하면서 각자 다른 도시에 떨어져 살던 이들은 거의 쉰 살이 되어 결혼을 하고 제주도에서 새로운 삶을 시작하는 큰 모험을 감행했다. 새로운 삶을 시작하면서 두 사람은 예쁜 집을 사 정성껏 꾸미고 텃밭을 가꾸며 행복한 전원 생활을 꿈꿨다.

하지만 하루 종일 일하고 저녁에는 대학원까지 다니는 아내는 너무 바빴다. 저녁에 늦게 들어오면 같이 집을 꾸민다거나 부부가 함께 취미 생활을 할 기운이나 시간이 없었고, 아침이 되면 후다닥 씻고 출근하기 바빠서 이불도 못 개고 그대로 나가기 일쑤였다. 주로 집에서 작업을 하는 남편은 아내가 출근하고 난 다음에 이불을 정리하고 집안일을 돌봤다. 일과를 끝내고 파김치가 되어 돌아오는 아내를 맞이하는 것은 깨끗한 집과 저녁 식사, 그리고 호텔 침대처럼 완벽하게 정리된 이불이었다. 그런데 이불이 문제였다. 정돈된 침대를 볼 때마다 아내는 자신이 집안일을 하지 않는 것에 죄책감을 느꼈고, 그래서 남편이 침대를 정리하지 않고 제발 그냥 두기를 바랐지만 차마 말을 못했다.

그러던 어느 날 함께 이야기를 나누던 중에 남편이 아내에 대한 사랑의 표현으로 이불을 정리한다는 사실을 알게 되었고, 그러자 그동안 꾹꾹 참아왔던 말이 아내의 입에서 터져 나왔다. 바로 그게 자신을 숨 막히게 하는 것이라고, 정리된 이불을 볼 때마다 죄책감이 느껴져 불편하다고 말이다. 이 말에 남편은 깜짝 놀랐다. 아내를 위한다고 한 사랑의 표현이 자신의 마음을 전달하기는커녕 오히려 정반대 효과를 내고 있다는 것을 그제야 알고 남편은 이부자리 정리하기를 멈췄다.

애초에 왜 이런 문제가 생긴 것일까? 이부자리가 가진 상징성이 무엇이기에 갈등과 싸움이 일어날까? 요즘은 부부들 가운데 절반 가까이가 서로의 잠 습관이나 코고는 습관 때문에 따로 잔다고 하지만, 침대가 상징하는 것은 집안일에 대한 상징성뿐만 아니라 부부가 함께하는 것 자체에 대한 상징성을 가지고 있을 수도 있다고 생각한다. 이외에도 집에는 상징성을 가진 물건이나 공간이 많다. 어떤 부부에게는 그것이 이불일 수도 있고, 부엌이나 식탁일 수도 있고, 설거지나 청소 상태일 수도 있다. 왜 그렇게 된 것인지 파고 들어가 이해하려고 노력해도 죽을 때까지 결코 알지 못할 가능성이 많다. 왜냐하면 이러한 상징성은 어린 시절 각자의 원原가족 안에서 형성되기 때문이다.

부부가 아무리 같은 집에서 산다고 해도, '집'이 상징하는 것에 대해 결혼 전부터 품어오던 관념은 같을 수가 없다. 어떤 이에게 집은 안전 가옥인 반면 어떤 이에게는 불안과 폭력을 처음 경험한 곳일 수 있다. 그런가 하면 어떤 이에게 집은 깨끗하게 정돈이 되고 통제가 되어야만 안전하다고 느껴지지만, 어떤 이에게는 물건들이 흐트러져 있어야 마음이 느슨해진다. 부부에게 집은 성인이 되어 함께 만든 보금자리이지만, 각자에게 집이 상징하는 바는 결혼 전, 특히 어린 시절에 집을 어떤 곳으로 경험했느냐에 따라 다르다. 그렇기 때문에 각자 필요한 '집'이 다를 수밖에 없는데, 이 다름은 결혼을 하고 집을 공동으로 꾸려보고 나서야 깨닫게 된다.

위에 소개한 부부는 이부자리 정리 사건 이후로 얼마나 많은 일들이 그런 식으로 이루어졌는지 생각해 보게 되었다. 아내의 건강을 염려해 공부하지 말기를 바랐던 것도, 남편의 미래를 걱정해

음악만 하지 말고 직업을 가지라고 했던 것도 다 자기 입장에서 한 말이었음을 인정하고 나자, 서로가 서로의 이야기에 곧바로 반응하거나 방어하지 않게 되었다. 물론 그 후로 두 사람이 늘 동화 같은 해피 앤딩으로 매사를 마무리한 것은 아니다. 이 부부는 다른 문제로 싸웠고 갈등은 계속 이어졌다. 하지만 이부자리 갈등을 해소한 경험은 다른 문제를 해결하는 데 좋은 모범이 되었고, 싸움이 생길 때마다 이를 해결하는 데 힘이 되었다.

요구와 회피,
도망가지 마-따라오지 마 패턴

주말 밤에 젊은이들이 많은 거리를 지나다 보면 심심치 않게 마주치는 커플들의 행동이 있다. 여자 친구는 울면서 남자한테 뭐라고 말을 하고 있는데 남자 친구는 아무 반응도 없이 멀뚱멀뚱 어딘가를 바라만 보고 있는 것이다. 이런 행동 패턴은 부부가 싸울 때도 흔히 나타난다. 드라마에서는 남자 친구들이 어쩌면 그렇게 여자의 마음을 잘 이해하고 감정에 충실하며 또 대화에 적극적인지 모르겠지만, 현실에서는 부부 사이건 애인 사이건 남자들은 싸울 때 "왜"라는 질문에 또는 "어떻게 할 건데?"라는 질문에 멀뚱멀뚱 있는 경우가 아주 많다. 그리고 그런 무반응이 상대편의 마음을 후벼 판다. 답답하고 속 터지게 만드는 것이다.

이것은 부부나 애인 사이에서 흔히 일어나는 요구-회피 패턴demand-withdrawal pattern의 매우 흔한 예이다. 여기에서 싸움의 원인이 되는 것은 누가 어떻게 요구를 하고 누가 어떻게 회피를 하는가가 아니다. 이 패턴 자체가 싸움의 원인이다. 처음에는 어떤 이유로건 한쪽에서 싸움을 시작했겠지만, 나중에는 이 요구-회피 패턴이 계속되면서 누가 무슨 일로 싸움을 시작했는지는 별로 중요해지지 않고 그 패턴 자체가 싸움의 주요 원인이 된다.

예를 들어 부부가 어떤 문제로 싸우는데, 남편이 돌아앉아서 아무런 말도 하지 않는다. 회피의 정도가 심해지자 아내가 제발 이야기 좀 하자고 애원하다시피 한다. 그래도 남편이 아무런 대꾸가 없다. 그러면 아내의 목소리가 더 커지고, 더 답답해하고, 눈물을 흘리고, 그러다 안 되면 급기야 화를 낸다. 그리고 이것은 남편으로 하여금 더 돌아서고 더 입을 꾹 닫게 하거나 집을 나가버리게 만든다. 요구-회피의 가장 기본적인 패턴이다.

주로 아내가 요구를 하고 지적을 하고 비판을 하며, 남편은 대개 수동적으로 후퇴하거나 갈등 상황에서 회피하는 경향이 있다. 이런 패턴이 반복되면 요구도 강해지고 회피도 강해져서 점점 문제가 더 커진다. 연구자들은 이 패턴이 부부의 갈등에 심각한 문

제를 일으키고 해결하기도 무척 어려운, 가장 파괴적인 패턴이라고 입을 모아 말한다.[8]

왜 이런 패턴이 이렇게 흔할까? 첫째로, 여성은 관계에서 더 감정적으로 연결되고 감정을 더 풍부하게 표현하고 싶어 하는 데 비해, 남자는 관계에서 더 독립적이며 관계에 빠져드는 것을 두려워하는 경향이 있다고 한다. 또 아내는 남편이 자신을 사랑하지 않고 관심이 없다고 느낄 때 화가 나는 데 반해, 남편은 아내에게 부당하게 지적을 받거나 능력 없는 사람 취급을 받을 때 화가 난다고 한다. 아내는 사랑받고 싶은 욕구가 크고 남편은 인정받고 싶은 욕구가 큰 것이 이러한 패턴을 낳는 커다란 원인이라는 것이다. 이게 주로 하는 해석이지만, 좀 다른 의견도 있다. 힘의 불균형이 있을 때 변화를 요구하는 것은 주로 힘이 없는 사람이고, 현재 상태를 유지하고자 요구를 회피하는 것은 힘이 있는 편이 취하는 태도라는 것이다.

둘째로, 이 패턴이 발현되느냐 아니냐의 여부는 어린 시절 부모와의 애착 유형에 의해 영향을 많이 받는다. 안전한 애착을 경험한 사람은 사랑을 주고 또 받을 줄 알며 돌봄을 받고 줄 줄도 안다. 그리고 이러한 사람은 요구-회피 패턴에 잘 빠지지 않는다고 한다. 그런데 유아기 때 부모의 적절한 돌봄과 위로를 받지 못하여 회피 애착(회피 애착은 부모가 아기와 감정적으로 연결되어 있지 않거나, 아기에게 적절하게 반응해 주지 않을 때 생긴다. 부모가 아기의 욕구를 무시하거나, 아기가 아프거나 두려워할 때 돌봐주지 않고 거부하면, 이 애착 유형이 생긴다고 보고 있다. 또 이러한 부모는 아기가 울면 울지 못하게 하고, 아기로 하여금 선불리 독립할 것을 요구한다. 이런 유아기를 지낸 아이는 두렵거나 아프거나 무서울 때 부모에게서 위안을 찾는 자연스러운 행동을 하지 않게 된다. 그리고 성장을 하기도 전에 아이는 스스로를 돌볼 수 있다는 가상의 독립성을 갖게 되며, 따라서 다른 사람들의 도움이나 지지를 받으려는 노력이나 열망을 별로 갖지 않게 된다)이 생길 경우, 그리고 (특히 남자 아이의 경우) 넘어져도 스스로 일어나야 한다거나 울고 있어도 달래주지 않는 양육 태도로 길러졌다면, 나중에 성인이 되어 가까운 관계에서 압박과 부담감을 느낄 수 있다고 한다.

또한 울어도 도와주지 않고 스스로 자기 감정을 해결하라는 가르침을 받고 자란 사람과, 울면 달래주고 감정을 읽어주고 조율해 준 부모 아래서 자란 사람은 감정을 처리하는 방식이 매우 다르다. 부모의 양육 방식은 기억하지 못한 채, 한 사람은 불편한 감정은 스스로 해결해야 한다고 믿고 다른 사람은 감정은 나누고 소통하는 방식으로 처리해야 한다고 믿는 것이다. 그렇다 보니 어려운 감정 상태에 빠질 때 서로가 서로의 감정을 처리할 수 있도록 돕는 대신, 당연히 해야 할 일을 하지 않는다거나 방해를 한다거나 혹은 책임을 전가한다고 느낄 수 있다. 또한 사랑하는 사람이라면 응당 서로를 도와야 한다는 깊은 믿음에 반하는 행동이기 때문에 무척 실망스럽고 고통스러울 수 있다.

주말 부부의 예를 하나 들어보자. 남편이 일을 마치고 주말이면 시골집에 내려온다. 하지만 그때마다 아내와 함께 이야기를 나누거나 시간을 보내기보다 낚시를 간다거나 친구들과 술자리를 가져서 아내는 늘 불만스럽고 화가 난다. 그런데 이때 아내는 남편이 취미 생활을 하거나 친구들을 만나는 것에 화가 나는 것이 아니다. 남편이 자신에게 관심이 없다는 느낌, 남편으로부터 버림받은 듯한 느낌이 들어 화가 나는 것이다.

그런데 남편 입장에서 보면 열심히 일하고 쉬는 날 취미 생활을 하는 건데 아내가 자신을 남편 역할도 못하는 사람으로 취급하니 화가 난다. 언젠가 한 조사에서 아내가 제일 싫어하는 남편의 취미가 첫 번째가 낚시이고 두 번째가 골프라고 말한 것이 기억난다. 둘 다 한번 가면 언제 끝내고 돌아올지 모르는, 회피한다고 생각하기 딱 좋은 취미라 할 만하다.

어떤 문제가 생겼을 때 아내가 뭔가를 요구하는 것은 남편과 감정적으로 더 연결되고 싶기 때문이다. 그 문제에 대하여 대화를 하면 풀 수 있으리라는 희망을 가지고 있기 때문이다. 대화를 통해서 자신의 감정이 어떻다는 것을 알려주고 상대방의 감정이 어떤지 듣고 싶어 한다. 그런데 그러한 요구가 받아들여지지 않을 뿐만 아니라 남편이 아예 대화에 참여하지 않고 나가버리거나 무시할 때 아내는 화가 나서 남편을 탓하거나 비난하거나 더 세게 압박을 가한다. 하지만 아무리 압박을 세게 가해도 상대방은 대화에 참여하기보다 더 회피하거나 더 방어적이 된다. 게다가 연결의 요구가 공격의 형태를 띠고 있다면 더 강한 회피 반응이 뒤따르게 된다.

그런데 요구하는 사람은 계속 요구하고 회피하는 사람은 계속 회피하면서 서로 변화를 기대한다면, 이 기대가 잘못된 것일 수 있다. 잘못된 전략을 아무리 반복해봐야 상대방이 깨닫거나 변화하거나 반응이 바뀌지는 않을 것이다.

그렇다면 어떻게 해야 할까? 제일 먼저 자신들의 관계에 이러한 패턴이 있음을 인지하고, 이 패턴에서 자기가 요구와 회피 중 어떤 역할을 맡고 있는지 솔직히 인정해야 한다. 한 상담사는 자신들이 반복해 온 패턴의 지도를 만들어보라고 제안한다.[9] 즉 싸움의 내용이 아니라 싸움의 패턴을 보고, 각자가 이 패턴에서 어떤 역할을 하고 어떻게 참여하고 있는지 직면하고 인정하는 것이 중요하다는 말이다.

싸움이 시작될 때 "아, 그 패턴이다!" 하고 알아차리는 것만으로도 패턴에서 빠져나오는 데 아주 큰 도움이 될 것이다. 이렇게 알아차리고 난 뒤 남편은 부인과의 대화에 좀 더 솔직하게 참여하고자 노력하고, 부인은 남편에게 압박을 주지 않도록 하며, 만약 대화가 격해지는 것 같으면 일단 타임아웃을 선언하고 나중에 다시 이야기를 이어가기로 하는 등 패턴에서 빠져나오는 둘만의 방법을 찾는다.

상대에게 압박을 더 가하는 것은 더 거세게 저항하도록 만들 뿐이란 사실을 기억하고, 대화를 시도하는 사람은 침착하고 차분하게 위협적이지 않은 태도로 문제에 대해 이야기를 시작하는 것이 좋다. 이렇게 해야 상대방도 방어막을 세우지 않고 자연스럽게 대화에 참여할 수 있다.

또한 남편도 도망가고 회피하고 싶은 욕구를 누르고 자리를 지키려고 노력해 보자. 설령 서로의 방법이 매우 이상하고 부족해 보이더라도 그렇게라도 뭔가 변화를 시도하려는 자신들을 격려하고 사랑을 보내자. 우리가 감정을 잘 다루지 못하거나 이상한 방법으로 드러내는 이유는 어렸을 때 부모로부터 배워야 할 것을 제대로 배우지 못했기 때문이다. 그리고 우리가 어렸을 때 그렇게 중요한 것을 배우지 못한 이유는 우리 부모가 그들의 부모로부터 배우지 못했기 때문이다. 그러니 배우지 못한 사람들끼리 서로 손가락질하며 싸울 것이 아니라 연민을 갖고 대해보자.

어제 하고, 오늘 하고, 내일 또 하는 싸움: 살인일 싸움

일본의 정리 전문가 곤도 마리에近藤麻理恵가 나와서 물건 정리법을 설파하는 〈설레지 않으면 버려라〉라는 프로그램이 최근 넷플릭스에서 성공리에 방영되면서 미국에서 센세이션을 일으키고 있다. 곤도 마리에는 물건을 들었을 때 '찡' 하는 설렘이 없다면 버리라고 하는데, 이러한 '감'에 의존한 물건 정리 방식이 미국인들의 마음을 움직이면서 큰 영향력을 발휘하고 있는 것이다. 나에게 무엇보다 흥미로운 지점은 집 안의 어지러운 곳들이 소개되면서 집안일과 관련한 가족의 갈등이 드러나고 집 안 정리 과정이 끝나면 가족이 다시 화목해지는 전개 과정의 반복이었다.

왜 이렇게 집 안 정리 문제가 가족들을 괴롭힐까? 정리하는 법을 못 배워서 그럴까? 그녀가 가르치는 것처럼 양말을 세 등분하여 접은 뒤 세워서 서랍에 넣는 방법을 몰라서일까? 언젠가 본 건축 회사의 광고대로 집 안의 구조를 바꾸면 싸움이 해결될까?

룸메이트나 자매, 부부 등 각자 따로 살다가 한 공간에서 살게 되는 사람들이 집 안 정리와 청소 문제를 놓고 싸우는 일은 매우 흔하다. 이 문제로 이야기를 나누다 보면 모두들 할 말은 많지만 딱히 방법을 찾았다는 사람은 별로 없다. 대부분은 "그래서 우리가 같이 살 수가 없었어"라거나, 더 신경이 쓰이는 사람이 청소를 한다거나, 더 이상 상대에게 기대하지 않고 그냥 자기가 한다는 식으로 말했다. 그런데 정말 그런 방법밖에 없을까? 정리나 깨끗함에 대한 기준이 자기와 다른 사람과는 행복하게 살 수 없는 것일까? 행복까지는 아니더라도 괴롭지 않게 살 수는 없을까?

사람들은 정리와 정돈의 문제에 관해서 저마다 다른 원칙과 습관을 가지고 있다. 예컨대 어떤 사람은 책상 서랍 안은 완벽하게 정리하는데 옷장 안의 옷들은 아무렇게나 쌓아두고, 어떤 사람은 옷의 청결은 매우 중요시하지만 부엌에 설거지거리는 산더미처럼 쌓여 있다. 또 어떤 사람은 주기적으로 정리와 카오스 상태를 왔다 갔다 하기도 한다. 이것이 혼자일 때는 별 문제가 없으나 두 사람이나 그 이상이 만나서 함께 살게 되면 문제가 되기 시작한다.

치약을 아래서부터 짜느냐 위에서부터 짜느냐 하는 문제로 부부싸움을 한다는 이야기를 사람들이 하고는 한다. 그런데 그들이 싸우는 진짜 이유가 치약 때문이 아니라는 사실은 모두가 알 것이다. 그들이 싸우는 진짜 이유는 내가 내 삶을 통제하는 방식이 상대방이 그의 삶을 통제하는 방식과 다르기 때문이고, 변화를 거부하는 각자의 오래된 습관이 건드려지기 때문이며, 그 싸움이 점점 커져서 급기야 서로의 인격에 대한 싸움으로 번지기 때문이다.

예컨대 "자기 방도 하나 못 치우면서 무슨 큰일을 한다고!" "밖에서는 그렇게 고상하게 굴면서 옷장 상태는 그게 뭐야? 어떻게 그렇게 겉 다르고 속 달라!" 이런 종류의 말을 주고받으며 싸우고 있다면, 이것은 집 안 정리나 청소 문제로 싸우는 것이 아니라 정리나 청소 여부를 서로의 인격을 판단하는 잣대로 삼아 싸우고 있는 것이다. 정리나 청소 여부가 상대방의 성실함이나 됨됨이를 판단하는 척도가 된다면, 이들 사이에서 정말 해결해야 할 문제(어떻게 함께 쓰는 공간을 정리하고 청소할 것인가)를 협의하기는 더 이상 어렵게 된다. 그러니 집 안 정리나 청소 상태로 싸우게 되더라도 그것이 인격 싸움으로 번지지 않도록 하는 것이 중요하다.

집 안 정리에 대한 생각: 정리할 것인가, 어지럽힐 것인가

곤도 마리에를 비롯한 정리정돈의 달인들이 입을 모아 말하기를 모든 물건은 두는 곳, 즉 물건의 '집'이 정해져 있어야 한다고 한다. 열쇠는 열쇠를 놓아두는 곳이 있어야 하고, 신발은 신발을 넣어두는 곳이 있어야 하며, 그 밖의 다른 물건들도 각기 들어갈 집이 있어야 한다는 말이다. 그런데 이러한 '정리의 정석'에 반대하는 소수 의견도 있다. 세부 카테고리를 설정하지 말고 아주 크게 크게 구분하여(책, 옷, 부엌용품 등등으로) 그냥 쌓아놓거나 한 상자에 넣어두라는 의견이다. 이 방법은 우선 분류하는 데 시간이 덜

든다는 장점이 있다. 또 최근에 보았거나 쓴 물건은 제일 위에 있을 테니 자주 쓰는 것은 위에서 찾으면 되고, 잘 쓰지 않는 것은 아래로 밀리게 되므로 중요도나 사용 빈도에 따라서 대략적인 위치를 파악할 수 있다.

부모들은 대개 자녀가 자기 방을 정리하는 습관을 갖기를 바란다. 부모 상담을 하다 보면 아이들의 정리 습관을 어떻게 키워줄지 고민하는 분들을 종종 만나게 되는데, 그럴 때마다 나는 속이 좀 뜨끔하다. '꼭 정리해야 하나?'라는 생각이 내 마음속에 있기 때문이다. 물론 아침에 일어나서 스스로 이불을 개는 습관 하나가 사람의 자기 효능감(나는 할 수 있다는 믿음)을 키우고 삶의 다른 과제들도 더 잘 수행할 수 있게 한다는 연구 결과가 있다.

하지만 만약 작업 공간이 어지러워야 아이디어가 잘 떠오르는 '창조적인 어지러움'이 필요한 아이라면? 사회에 순응하는 능력이 아니라 예술가나 발명가나 사회운동가처럼 사회의 일반적인 관념에 딴지를 걸 수 있는 능력이 필요한 사람이 될 아이라면? 아니면 부모가 "너를 위해서"라고 말하고 있기는 하지만 그 말이 실은 아이가 부모의 말에 복종하기를 바라는 지배욕에서 나오는 주문이라면? 그래서 그 지배욕에 대한 반작용으로 아이가 일부러 치우지 않고 있는 것이라면?

피카소나 아인슈타인처럼 인류에 큰 기여를 한 수많은 예술가와 과학자는 정리정돈에 별로 신경을 쓰지 않거나 오히려 싫어하기까지 했다. 성실성과 창조성은 서로 정반대에 놓여 있는 기질이란 연구도 있다.

집 청소에 대한 생각: 무엇이 깨끗한 것인가?

내가 지금 이 글을 쓰고 있는 곳은 인도에서도 가장 인도답고 오래된 도시인 바라나시이다. 바라나시를 흐르는 갠지스 강은 힌두교도들에게 성스러운 곳이다. 이곳에서 화장을 해서 그 재를 갠지스 강에 뿌리면 고통의 원인이 되는 윤회의 수레바퀴에서 벗어난다고 생각하기 때문에 그들은 이곳에서 죽기를 바란다. 살아서도 그 물에 몸을 담는 의식儀式을 한다. 이 물에는 시체를 태우고 남은 재가 둥둥 떠다닐 뿐 아니라 타다 만 시체 조각도 떠다니고, 이것을 먹으려 들개들이 물에 몸을 반쯤 담그고 있으며, 한쪽에선 소들이 목욕을 하고 있다. 그런데 다른 한쪽에서는 사람들이 이 물로 목욕을 하고 이를 닦고 빨래를 한다. 물은 더러운 회색빛이다. 그렇다면 영혼을 정화한다고 하는 이 물은 과연 깨끗한가 더러운가?

언제부터인가 물티슈가 흔하게 사용되면서 어느새 이것을 안 쓰는 가정이 없을 정도로 우리 삶에 중요하게 자리를 잡았다. 물티슈뿐만 아니라 우리 눈에 잘 보이지 않는 세균들까지 깨끗하게 닦아낸다는 각종 항균용품들도 많이 사용한다. 그런데 문제는 그런 것들을 사용하면서 화학 성분이 우리 몸에 들어가고, 쓰고 버린 일회용품들이 썩지 않고 바다에까지 떠다닌다는 것이다. 그렇다면 이런 용품들은 깨끗한가 더러운가?

아이들이 흙을 '지지'라면서 더럽다고 하고, 그림을 그릴 때도 크레파스 대신 '똥'이 생기지 않는 '크레욜라'를 쓰며, 손에 묻지 않는 솜사탕 질감의 '엔젤 클레이'를 찰흙 대신 쓴다. 아이들이 언제부터 이렇게 무언가가 손에 묻는 촉감을 싫어하게 되었을까? 나는 이런 현상이 물티슈나 비데가 많이 보급된 것과 관련이 있지 않을까 생각한다. 그리고 이러한 변화가 불과 한 세대 안에 이루어진 점이 충격적이다.

《청소 끝에 철학》이라는 책에서 임성민은 "과자 부스러기가 더러운가, 엎질러진 우유가 더러운가?"라고 묻고 이 질문에 대한 답은 어떤 생활 문화 속에서 살고 있는지와 관련이 있다고 말한다. 실내에 카펫이 깔려 있는 서양 문화권에서는 엎질러진 우유가 더럽고, 실내에서 신발을 신지 않는 한국 문화에서는 바닥에 떨어지는 과자 부스러기를 더 더럽다고 여긴다는 것이다.[10]

이렇게 사람과 문화마다 깨끗함과 더러움에 대한 기준이 다르고 더러움에 대해서도 못 견뎌하는 한계점이 다르다. 그리고 그 한계점이 집 안의 모든 영역에서 동일하게 작용하는 것도 아니다. 집 안의 어떤 부분은 이 정도 깨끗함이면 참을 수 있는 반면, 어떤 부분은 절대 참을 수 없다. 싸잡아서 상대방은 더럽고, 지저분하고, 정리를 못하고, 자기 관리를 못하고, 책임감이 없고…… 등등으로 확대하지 말고, 좁히고 좁혀서 도대체 어느 부분에서 문제가 있는지를 찾아봐야 한다.

어떻게 싸울 것인가?

집 안 청소나 정리 문제로 싸울 때 이 문제를 풀기 어려운 이유가 적어도 두 가지가 있다. 첫 번째 문제는 이것이 습관의 영역이라는 점이다. 집에 들어와서 뱀허물 벗듯이 바지를 벗어놓는 것은 습관에서 나온 행동이지, 부모에 대한 반항이나 어린 시절 어떤 결핍의 결과로 나온 행동은 아닐 것이다. 만약 그런 습관이 형성된 내적인 동기가 있다고 하더라도 애써 그 내적인 문제(게을러서라든지, 자존감이 낮아서라든지, 어린 시절의 결핍 때문이라든지 등등)를 찾아내 해결하려고 한다면, 오히려 상대방의 저항감과 반항심만 키워 그 '뱀허물'을 더 많이 보게 될 수도 있다. 또한 습관은 의식의 통제를 받지 않는 자동화된 행동 패턴이기 때문에 상담이나 부탁, 의지, 동기 부여로는 바꾸기가 어렵다. 그런데 심지어 자신의 의지도 아닌 타인의 의지로? 절대 안 바뀐다.

두 번째 문제는 '이것이 문제'라는 데 동의하지 않는다는 점이다. 빨래 예를 들어보자. 사람들은 각각 다른 방식으로 빨래를 한다. 수건과 걸레를 한꺼번에 빠는 것은 말도 안 된다고 생각하는 사람이 있고, 속옷은 꼭 손으로 빨아야 한다는 사람도 있다. 매일매일 빨래하는 사람도 있고, 옷에 냄새가 날 때만 하는 사람도 있다. 또는 세탁물의 종류와 상관없이 세탁기가 가득 찰 때 한꺼번에 하는 사람도 있다. 한쪽에서 생각하는 '빨래 문제'가 다른 쪽에서는 전혀 문제가 아닐 수 있다는 것이 바로 문제이다. 그렇다면 서로 문제라고 동의하는 것이 무엇인지를 찾아야 한다.

문제를 찾는 방법

1. 분석을 통한 방법(로직 트리 활용)

집 안 청소나 정리 문제는 수많은 요소들이 뒤엉켜 있는 복잡한 사안이다. 문제 해결을 위해서 큰 문제를 작은 단위로 더 이상 쪼갤 수 없을 때까지 쪼개야 한다. 그런데 그러다 보면 길을 잃고 헤맬 수 있으니 도구가 필요하다. 종이와 연필을 가지고 또는 적절한 컴퓨터 프로그램을 찾아서 지도를 그릴 준비를 하자. 종이는 줄이 쳐져 있지 않은 종이면 되고, 컴퓨터 프로그램은 마인드맵이나 로직 트리맵 프로그램을 찾으면 된다.

로직 트리 작성 프로세스

① 종이를 준비하거나 로직 트리 컴퓨터 소프트웨어를 준비한다. 나는 'sketchboard'라는 온라인 프로그램을 써서 아래와 같은 로직 트리를 만들었다.

② 왼쪽에는 가장 큰 항목을 두고, 오른쪽으로 갈수록 항목을 더 세분화해 간다.

③ 세분화된 문제를 풀 수 있는 방법을 오른쪽에 쓴다. 그리고 이 방법이 가능한지 아닌지에 대한 의견을 쓴다.

④ 각 항목이 문제인지(what), 해결 방법인지(how), 가능한지 아니면 왜 가능하지 않은지(why), 이 선택을 했을 때 어떤 좋은 점과 나쁜 점이 있는지 등을 색, 밑줄, 다른 폰트 사용 등을 통해 직관적으로 볼 수 있게 표기한다.

로직 트리 프로세스의 장점은 전체와 세부가 어떻게 연결되어 있는지 한 눈에 볼 수 있는 지도 역할을 한다는 점이다. 동시에 로직 트리의 한계는 아무리 철저하게 분석하고 효율적인 방법을 찾아도 행동으로 이어진다는 보장이 없다는 점이다. 나의 로직 트리 예에서 보면, 식기 세척기를 산다는 결론에 도달했어도 안 사면 그만이다. 또 너무나 많은 요인들을 심사숙고하다가 심리학에서 '자아 고갈ego depletion'이라고 부르는 집중력 저하 상태에 빠져서

설거지 로직 트리

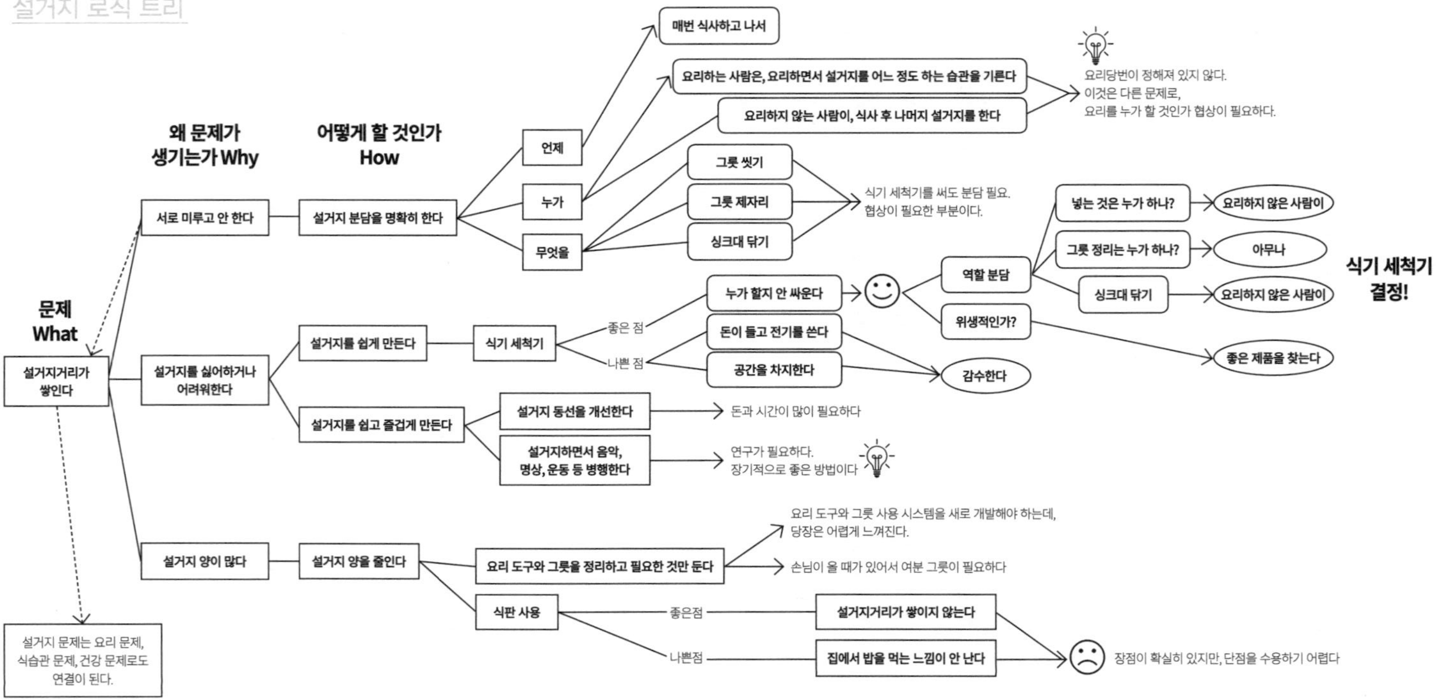

문제 What
왜 문제가 생기는가 Why
어떻게 할 것인가 How
설거지거리가 쌓인다
설거지 문제는 요리 문제, 식습관 문제, 건강 문제로도 연결이 된다.
서로 미루고 안 한다
설거지 분담을 명확히 한다
언제
누가
무엇을
매번 식사하고 나서
요리하는 사람은, 요리하면서 설거지를 어느 정도 하는 습관을 기른다
요리하지 않는 사람이, 식사 후 나머지 설거지를 한다
요리당번이 정해져 있지 않다.
이것은 다른 문제로,
요리를 누가 할 것인가 협상이 필요하다.
그릇 씻기
그릇 제자리
싱크대 닦기
식기 세척기를 써도 분담 필요.
협상이 필요한 부분이다.
설거지를 싫어하거나 어려워한다
설거지를 쉽게 만든다
식기 세척기
좋은 점
나쁜 점
누가 할지 안 싸운다
돈이 들고 전기를 쓴다
공간을 차지한다
역할 분담
위생적인가?
감수한다
넣는 것은 누가 하나?
요리하지 않은 사람이
그릇 정리는 누가 하나?
아무나
싱크대 닦기
요리하지 않은 사람이
좋은 제품을 찾는다
식기 세척기 결정!
설거지를 쉽고 즐겁게 만든다
설거지 동선을 개선한다
돈과 시간이 많이 필요하다
설거지하면서 음악, 명상, 운동 등 병행한다
연구가 필요하다.
장기적으로 좋은 방법이다
설거지 양이 많다
설거지 양을 줄인다
요리 도구와 그릇을 정리하고 필요한 것만 둔다
요리 도구와 그릇 사용 시스템을 새로 개발해야 하는데,
당장은 어렵게 느껴진다.
손님이 올 때가 있어서 여분 그릇이 필요하다
식판 사용
좋은점
나쁜점
설거지거리가 쌓이지 않는다
집에서 밥을 먹는 느낌이 안 난다
장점이 확실히 있지만, 단점을 수용하기 어렵다

아무 선택도 안 할 가능성이 높아진다는 것도 이 방법의 한계이다. 예를 들어 그릇을 줄이기로 결정했다 치자. 그러면 수저는? 차숟가락은? 스테인리스 빨대는? 이렇게 세부적으로 하나하나 따지다 보면 그만 집어치우고 싶어질 수도 있다.

2. 직감을 통한 방법

'인지의 듀얼 프로세스 이론dual process theory of human cognition'에서는 인간의 의사 결정 과정을 직감·경험·감정에 기반한 system I과, 분석·논리·숙고에 의한 system II로 나누어 구분한다. 이 이론에서는 한정된 데이터를 가지고 결정을 할 때는 분석과 숙고에 따르는 결정을 하는 것이 좋지만, 너무나 복잡하고 중요한 결정을 급박하게 내려야 할 때는 직감에 따르는 것이 더 나은 결정 방법이라고 말한다. 흥미롭게도 직감으로 내리는 결정은 행동으로 이어지는 확률이 분석으로 내리는 결정보다 더 높다. 사람들은 직감을 따를 때 자신의 깊은 내면의 목소리에 이끌림을 받는 것 같아서 더 신뢰하며, 놀라울 정도로 빠르게 행동으로 옮기는 경향이 있다.

그런 의미에서 곤도 마리에가 옷을 들고 '찡~' 하는 설렘이 있는지 없는지로 물건을 버릴지 말지를 결정하는 것은 직감에 따른 아주 탁월한 결정이다. 산더미같이 쌓인 옷 하나하나를 두고 입을

지, 넣어둘지, 수선할지, 누굴 줄지, 버릴지, 기증할지 등을 고민하다가는 금방 지쳐서 쓰러지거나 포기한 채 옷들을 침대에 쌓아두고 살게 될지도 모른다.

우리는 불편한 감정이 들 때 그저 '싫다'는 감정을 느끼고 '너 때문에' 또는 '나 때문에' 하는 즉각적인 해석과 반응이 일어나는데, 그런 식으로는 정말 어떤 부분이 싫고 왜 싫은지 알기 어렵다. 그 대신 몸의 소리를 듣자. 몸은 찌릿하거나 벌렁거리는 느낌 등으로 불편한 것이 무엇인지 알려준다. 예를 들어 설거지 문제로 갈등이 있다면, 설거지라는 일련의 복잡한 행동 중 어떤 부분에서 몸이 반응하는지 보자. 산더미같이 쌓여 있는 설거지거리를 볼 때인가? 상대방이 탕탕 소리를 내면서 그릇을 닦을 때인가? 설거지를 왜 하지 않느냐고 탓하는 소리를 할 때인가?

정말 불편한 부분이 무엇인지 몸의 반응을 통해 직감적으로 발견했다면, 그 다음에는 이성적인 추론의 방법으로 왜 불편한지 스스로에게 물어보자. 단순히 소음이 싫은 것인가? 상대방이 설거지하기 싫다는 마음을 굳이 탕탕 소리를 내 표현하고 있기 때문인가? 아니면 내가 정말 원하는 것에 상대방이 협조를 해주지 않아 섭섭한 것인가?

한 소설가는 어떤 결정을 해야 할 때 뱃속이 울렁거리면 '노우'이고 가슴이 벌렁거리면 '예스'라고 알아듣고, 늘 그런 식으로 몸의 결정을 따랐다고 했다. 신학자 현경도 중요한 결정을 할 때 창자에서 예스할 때까지 기다린다고 한다. 몸의 지혜를 섬겨보자. 뇌의 추론 능력 또한 믿어보자. 우리의 사고는 직감과 이성을 겸비한 듀얼 프로세스 모드로 돌아가니까.

문제 해결 방법

1. 공동의 이익을 위한 협상

협상은 서로 다른 것을 원할 때 합의를 이루는 방식이며, 가능한 한 최선을 다해 서로의 욕구와 목적을 충족시킨다는 목표를 가진다. 그렇기 때문에 이 협상을 하는 이유가 분명하지 않으면 협상에 성공할 수 없다. 당신이 정말 원하는 욕구와 목적을 찾았다면, 협상 용어로 바트나BATNA(Best Alternative to a Negotiated Agreement)라고 부르는 최저한도선을 정하자. 이것이 대화나 협의가 아닌 협상인 이유가 이 최저한도선을 가지고 의논한다는 점에 있다.

협상의 과정

① 나의 욕구: 자신이 정말 원하는 것이 무엇인지를 찾는다.

② 상대방의 욕구: 상대방이 정말 원하는 것이 무엇인지를

찾는다.

③ 윈-윈 목표: 나와 상대방의 욕구를 충족시킬 방법을 찾는다.

④ 목표 달성 방안: 구체적인 목표 달성 방안을 세운다.

⑤ 협상: 공동의 이익을 놓고 협상한다.

⑥ 최저한도선: 합의에 이루지 못할 경우 최저한도선을 실행한다.

예시

다음은 예시일 뿐이다. 집 안의 구조와 가족 구성원, 식습관에 따라 아주 다른 방식의 협상 내용이 필요할 수 있다.

① 나의 욕구: 집안일의 분담을 통해 가정을 함께 꾸린다는 경험을 갖고 싶다.

② 상대방의 욕구: 일이 끝나고 집에 오면 서로 갈등 없이 평화로이 보내기를 바란다.

③ 윈-윈 목표: 싸움이나 갈등이 없이 저녁 시간을 평화롭게 보내기 위해서, 주중의 식사 준비와 설거지는 모두 간소화하고 부담 가지 않는 선에서 일을 나눠서 한다.

④ 목표 달성 방안:

- 주중에는 한 명이 요리를 하고 다른 사람이 설거지를

한다. 주말은 반대로 한다.

- 간단한 한 그릇 요리를 해서 최소한의 요리 도구를 쓰고 설거지 양을 대폭 줄인다.
- 주말에 밀프렙mealprep(야채나 고기 등의 식재료를 미리 손질하고 썰고 소분하여, 요리 바로 전 단계까지 준비해 두는 것을 말함)을 해놓아 요리 단계를 대폭 줄이고 음식물 쓰레기를 최소화한다.
- 설거지에 포함되는 내용: 그릇을 씻은 후 닦고 말려서 찬장에 넣고, 음식물 쓰레기를 정리하는 것을 포함한다. 싱크대와 바닥을 닦는 것은 약식으로 하거나 나중에 청소를 할 때 한꺼번에 한다.

⑤ 협상: 위의 내용을 협상 테이블에 올려놓고, 공동의 이익이라는 목표를 위해서 대화한다. 협상은 내가 옳고 상대방이 틀렸다는 것을 증명하기 위한 재판의 과정이 아니라, 일부 후퇴와 일부 포기를 포함해 최고의 욕구와 최저한도선 안에서 부분 성공과 부분 합일을 추구하는 것임을 기억하자.

⑥ 최저한도선: 협상 결렬시 각자 자기 식사를 준비해서 같이 먹는다. 설거지도 각자 하며, 만약 설거지를 하지 않으려면 밖에서 사먹고 들어온다.

2. 배치를 바꾸는 혁명

협상이 가능하려면 협상을 할 수 있는 시간과 장소가 필요하며, 서로의 욕구를 조정하는 협의 과정이 필요하다. 하지만 협상을 하기가 어려운 상황들이 많이 있다. 서로 얼굴도 못 볼 정도로 마주칠 일이 없다거나, 혹은 이미 이 문제로 너무 많이 싸워서 다시 거론하는 것만으로도 스트레스를 받는 경우 등이다. 또는 상대방이 약속을 이행할 거라는 믿음이 없는 상황일 때도 협상이 어렵다. 그럴 때는 위험 부담이 있지만 '혁명'을 일으키는 것도 한 가지 방법이다.

문제가 되는 집안일 전체를 바꾸기는 어렵지만, 연쇄적으로 변화를 일으킬 수 있는 어떤 일 하나를 하기는 그다지 어렵지 않다. 예를 들어 식기 건조대를 없앤다면? 물이 뚝뚝 떨어지는 식기를 둘 곳이 없어지면 원하건 원하지 않건 다른 행동을 해야 한다. 씻자마자 행주로 물기를 닦아서 찬장에 올려놓는다든지, 최소한의 요리 도구와 그릇만 꺼내서 쓰게 된다든지 하는 연쇄 반응이 있을 수 있다. 물론 지저분한 그릇들을 식탁 위에 쌓아놓는다거나 아무도 요리를 하지 않는다거나 하는 식으로 상황이 더 나빠질 수도 있다. 어떤 변화가 있을지 예측할 수가 없지만 어쨌든 변화가 있을 것이다.

이러한 작은 배치의 변화가 행동과 생각의 변화를 바꾸는 것을 스피노자는 '혁명'이라고 불렀다. 철학자 신승철은 《눈물 닦고 스피노자》라는 책에서 배치의 변화의 예로, 어떤 사람이 꿈이 뒤숭숭하다면 누워 자는 자리를 바꾸는 것, 평생 노동만 해왔던 사람이 그림을 그리고 시를 쓰면서 세상과 색다른 관계를 맺는 것, 평생 부엌에는 안 들어가던 남자가 부엌일의 묘미를 알게 되는 것도 혁명이라고 설명한다.[11]

이렇게 배치를 바꾸는 것은 이성, 관념, 기분, 정서의 단계를 거치지 않고 단번에 현실을 바꾸는 방법이다.[12] 달리 말하면 지금까지 하던 방식으로 돌아갈 수 없게 일을 저질러버리는 것이다. 때로는 이것이 너무나 오랫동안 움직이지 않은 것을 움직이게 하는 유일한 방법이 될 수도 있다.

정리를 하자면

- 정리법은 자기에게 맞아야 한다. 자신의 삶의 방식이나 하는 일에 맞아야지 보편적으로 옳은 방법이란 없다. 효율을 중요시하는 직업이나 사회에서는 정돈과 정리를 선호하겠지만, 창조성을 중요시하는 직업이나 영역에서는 어느 정도의 어지러움을 선호하기도 한다.
- 깨끗함에 대한 나의 관념이 보편적인 질서는 아니다. 어떤 상태가 깨끗하다 아니다 여기는 것은 사실 학습된 것

이고, 따라서 사회적인 것이다. 나의 기준이 옳고 상대방은 틀렸다는 생각은 다른 기준을 갖고 있는 사람과의 소통을 어렵게 한다. 자신의 선호도를 잘 알되, 그것이 다른 사람에 대한 판단의 근거가 될 수는 없음을 마음속에 새기자.

- 인간이 결정을 하는 방식은 직관을 따르는 방식과 숙고를 하는 방식이 있다. 일반적으로는 숙고를 하는 방식이 더 좋은 결정을 도출하지만, 너무 복잡한 상황에서는 직관이 더 정확할 수 있다. 그리고 직관은 몸의 언어로 알아차릴 수 있다. 자신의 몸이 어떻게 '예스'를 말하고 어떻게 '노우'를 말하는지 들어보자.
- 아무리 심사숙고하고 직감을 활용하여 결정을 해도 행하지 않으면 소용이 없다. 그럴 때는 배치의 변화를 주어 지금까지의 방식을 되풀이할 수 없는 상황을 만들어보자. 결과가 긍정적일지 부정적일지는 약속할 수 없지만, 작은 변화가 일으키는 균열은 창조적인 대응을 요구하고, 이는 변화를 일으키는 확실한 방식이다.

결국, 내가 누구인가 하는 스토리텔링의 문제

싸울 때 우리는 의식적인 층위와 무의식적인 층위에 존재하는 여러 가치와 욕구가 부딪치는 경험을 한다. 그런데 이 가치와 욕구는 우리가 누구인가를 설명하는 '이야기'와 관련이 있다. '역사'라는 이름으로 구술하고 정리해 놓은 것이 기본적으로 과거로부터 현재로 이어지는 선택적이고 직선적인 방식의 스토리텔링인 것처럼, 자신을 설명하는 역사 또한 직선적인 스토리텔링 구조를 가지고 있다.

사람들은 점으로 따로 존재하는 사건들을 선으로 연결해 자기 정체성을 구술하는 직선의 이야기를 짠다. 과거에 어떤 사람이었고, 지금 어떤 사람이며, 앞으로 자신이 어떤 사람으로 살아갈 것인지가 하나의 선상에 놓여진다. 예를 들어 "엄마가 나를 어렸을 때 버렸고, 그 이후로 나는 늘 결핍을 느끼며 성장을 했어. 나를 보호해 준 사람이 없었고, 나는 지금도 그런 사람을 찾을 수가 없어. 앞으로도 없을 거야." 이것은 현재의 시점에서 자신이 과거에 이랬고, 현재 이러하며, 따라서 미래에 이럴 수밖에 없다고 말하는 직선적인 서사의 유형이다.

사십대의 많은 중년들이 제2의 사춘기를 겪고는 한다. 자기가 누구인지 모르겠다며 자신의 정체성을 묻는 것이다. 어쩌면 이것은 제2가 아니라 제1의 사춘기일지도 모른다. 왜냐하면 내가 누구이며 내가 어떤 사람으로 성장해야 할지 자신의 정체성을 두고 심각하게 고민해야 할 청소년 시기에는 수능-대학-취직이라는 일직선의 궤도에 올라가기 위해 공부를 하느라, 이미 답이 정해진 것들을 학습하느라 진짜 자기만의 답을 찾거나 고민하는 시간을 갖지 못하기 때문이다.

그런데 십대와 달리 사십대에 이런 질문이 다가오면 매우 혼란스러워진다. 이 나이쯤 되면 내가 어떤 사람인지 알고, 앞으로 생을 어떻게 살아야 할지 분명하게 알아야 할 것 같기 때문이다. 여기서 내가 누군지를 안다는 것은 이렇게 과거에서 미래로 관통하는 직선적인 이야기를 안다는 것이고, 내가 누군지를 모르겠다는 것은 나를 설명하는 시나리오 내의 연결이 약하다거나, 과거의 기억과 현재의 경험이 직선으로 연결되어 있지 않다는 느낌이 든다는, 그래서 미래를 어떻게 살지 막연하고 막막하다는 것이다.

그런데 어쩌면 사람들이 바라는 그것, 바로 자신을 서술하는 이야기 때문에 싸움이 일어나는 것이 아닐까? 자신이 누구이고 어디서 왔으며 어떤 가치와 생각을 가지고 있는지를 서술하는 이야기를 너무도 세게 붙들고 살기 때문에, 이 이야기가 공격을 받으면 부르르 떨면서 반격을 하거나 지키려고 애쓰게 되는 것이다.

유발 하라리는 《사피엔스》에서 인간이 지구를 정복한 결정적인 원인은 도구의 사용이나 뛰어난 머리가 아니라 '협업'에 있다고 말한다. 그리고 다수의 인간으로 하여금 하나의 목적과 이유를 가지고 움직이도록, 다시 말해 협업을 할 수 있도록 한 것은 스토리의 힘이다. 십자군 원정을 위해 수많은 사람들이 목숨을 바치고, IS 요원이 자살 폭탄을 터트리며 죽는 것도 그들의 자리가 하늘에 있다는 '스토리'를 믿기 때문이다. 국가, 이념, 법, 종교는 모두 스토리로 구성되어 있으며, 이야기는 사람들을 거대한 집단으로 응집시킬 수 있었다.

우리는 어렸을 때부터 이야기를 통해서 세상과 삶을 배웠고, 따라서 이야기 구조를 벗어나서는 복잡한 것들을 이해하기 어렵다. 모든 종교는 이야기로 되어 있고, 모든 사랑도 이야기를 가지고 있으며, 나아가 죽음을 이해하는 것도 모두 이야기를 통해서이다. 또한 싸움이 클라이맥스로 치달을 때 사람들은 대개 상대방에게 "도대체 뭐가 문제야?" "도대체 화를 내는 이유가 뭐냐고?"라며 자신이 납득할 만한 설명을 해달라고 요구한다. 진실을 묻는 것이 아니라 자기가 이해할 수 있는 스토리를 요구하는 것이다.

민수 씨는 박사 학위 논문 심사를 막 통과한 학생이었다. 직장도 다니고 두 아이를 키우면서 박사 과정을 밟느라 어려운 점이 많았다. 하지만 이 과정에서 가장 힘들었던 것은 지도교수와의 관계였다. 완벽함을 요구하는 교수는 논문을 몇 번이나 다시 써오게 했고, 그 과정에서 무시당하고 모욕을 느낀 일이 많았다. 하지만 교수의 입김이 없으면 전임강사 자리 하나도 잡기 힘들다는 것을 잘 알기에 꾹 참았다.

어느 날 지도교수에게서 전화가 왔는데 몸이 너무 아파서 전화를 받을 수 없는 상황이었다. 그런데 전화벨이 자꾸 울려 마음이 몹시 불편했다. 나중에 전화를 드리니 지도교수는 자기가 무시를 당했다며 노발대발했다. 학과장과의 자리를 주선해서 강사 자리를 소개해 주려고 했는데, 전화를 받지 않아서 자신의 꼴이 우습게 되었다는 것이다. 민수 씨는 설명을 하면 할수록 구차한 변명만 하는 것 같고 화만 더 자극한다는 느낌이 들었다. 그러다가 민수 씨가 "실은 요즘 우울하고 무기력해서 전화도 잘 안 받게 되더라구요"라고 하자 지도교수의 목소리가 순식간에 부드러워졌다.

틀린 말은 아니었지만 그렇다고 아주 중요한 사실도 아니었다. 그런데 그 말에 지도교수의 목소리가 한순간 확 바뀐 것이다. 바로 그가 납득할 만한 스토리를 발견한 덕분이었다. "아, 김 선생, 마음이 아프셨군요. 진즉에 그렇게 사실을 말씀하시지, 왜 우울했다고 솔직히 말하지 않고 다른 말로 둘러댔어요? 자기 몸과 마음을 잘 챙기면서 살았어야죠. 쯧쯧쯧." 한순간에 그는 은혜를 베풀어주려는 지도교수와의 약속도 지킬 수 없을 정도로 우울한 사람이 되어버렸다. "쯧쯧쯧" 하고 혀를 차는 소리가 오랫동안 그의 귀끝에 맴돌았다.

지도교수에게 필요한 것은 민수 씨가 왜 전화를 받지 않았는지에 대한 복잡한 상황 설명이나 사실이 아니라 단지 자신이 납득할 만한 이야기였다. 민수 씨가 안 온 것이 아니라 못 온 것이라면? 그리고 못 온 이유가 그에게 우울증이 있어서라면? 자신을 무시해서가 아니라 아파서 못 온 것이라면? 그렇게 자신에게 필요한 스토리를 발견하자 지도교수는 도리어 민수 씨를 염려해 주는 것으로 자신의 위치와 자존심을 회복할 수 있었다. 이제 그의 행동은 '이해받을 일'이 아니라 '용서받을 일'이 되었고, 그는 자신이 구하지도 않은 용서를 받는 것으로 그 상황에서 벗어날 수 있었다. 민수 씨는 그렇게 지도교수와의 관계가 회복되었고, 학과장을 찾아가 인사도 드렸다. 전임강사 자리도 얻어냈다. 그 대신 그에게는 우울증 환자라는 꼬리표가 붙게 되었다.

스토리를 좋아하고 스토리를 믿으며 그 스토리대로 살아가는 것은 우리 모두가 하는 일이다. 이렇게 역사성 또는 직선의 시간을 따라 흐르는 이야기를 통해 자신을 상상하고 이해하는 것은 우리에게 너무나 자연스러운 일이다. 내가 누군지를 알고 싶다는 것은 나의 스토리를 알고 싶다는 것과 같은 말이다. 그런데 바로 이것이 어쩌면 싸움의 근본 원인인지도 모른다. 사람들마다 나는 이런 사람이고, 나는 이렇게 자라났으며, 나에게는 이런 것이 중요하고, 나는 앞으로 이렇게 살 것이라는 자기만의 믿음이 자기의 역사를 서술하는 스토리의 형태로 존재하고, 이 스토리를 사수한다. 그런데 이 스토리의 플롯을 흔드는 사람을 만나면 그를 설득해서 자신의 세계관을 관철시키려 하고 자신의 이야기 구조로 끌어들이려고 하거나, 혹은 상대방이 어떻게 잘못된 이야기를 가지고 있는지 증명해 보이려고 한다. 그래서 싸우게 된다.

많은 종교와 현인들은 하나같이 자신이 만들어낸 스토리에서 벗어나라고 가르친다. 그러나 자신의 이야기가 무너질 때 사람들은 깊은 혼란에 빠진다. 어렸을 때 외국으로 입양되어 성인이 된 사람들이 한국에 돌아와 자신을 낳아준 친부모를 찾고자 하는 경우들이 종종 있다. 그럴 때 이들이 자주 하는 말이 있다. 부모님을 원망하는 마음이 없으니 그냥 만나만 달라는 것이다. 그저 어떤 일이 있었는지, 자신이 어떤 상황에서 태어나고 버려졌는지 알고 싶다는 것이다.

앞에서도 언급했던 영국의 소설가 자넷 윈터슨의 자서전은 자신의 원가족을 찾는 이야기가 주요 플롯이다. 입양해서 길러준 부모는 자신을 학대했고, 그녀에게 사랑이나 행복 같은 것은 어른이 되고 유명한 소설가가 된 이후에도 잘 와 닿지 않는 경험이었다. 결국 어떤 불행한 일이 있었기에 자신이 버려졌을까 하는 오랜 궁금증의 답을 찾아 나서는데, 그 결과가 매우 허망하다.

한 단체를 통해 마침내 부모님의 연락처를 받고 부모님이 살고 있는 집을 찾아가는데, 그 집은 그동안 상상한 것과는 너무 달랐다. 중산층이 사는 멀쩡한 동네에 있는 멀쩡한 집이었다. 자신을 낳은 엄마와 아빠는 여전히 같이 살고 있고, 동생들도 있었으며, 심지어 화목하기까지 했다. 십대 때 임신한 어머니가 준비가 안 된 상태에서 태어난 아기를 입양시켜 보냈지만, 그 후 자넷의 아빠와 결혼을 하고 동생들까지 낳아 화목한 가정을 꾸리고 있었던 것이다. 어떤 충격적이고 불행하고 폭력적인 일이 있었기에 자신을 버리는 선택을 할 수밖에 없었을까 하는 그동안의 예상이 모두 빗나가고, 그녀 삶 속의 어두움의 시작에 대한 서사가 어긋났다. 자신의 불행에 대한 납득할 만한 의미를 찾을 수 없게 된 것이다.

자신이 믿어온 이야기가 허구라는 사실을 깨닫게 되면 우리는 삶이 무너지는 느낌을 받을지도 모른다. 심리 치료 과정이나 깨달음의 과정에서 공통으로 나타나는 현상이 자신이 믿어왔고 또 살고 있는 이야기의 한 조각이 떨어져나가는 경험인데, 대부분 이 과정을 무엇보다 괴로워하고 혼란스러워한다. 비록 떨어져나간 그것이 자신을 불행하게 했던 부정적인 것이라도 말이다.

내가 믿어온 이야기의 서사 구조가 무너질 때의 경험은 무척 혼란스러울 수 있다. 그러나 이 경험은 동시에 내가 사라지고 나라고 여겨오던 경계가 확장되는 놀라운 경험이기도 하다. 그러고 나면 우리는 자신의 이야기를 넘어 다른 이야기를 상상하는 것이 가능해진다.

관계에서의 싸움 역시 내 스토리에 균열을 일으키고 조각들을 떨어져나가게 하는 역할을 할 수 있다. 이것을 잘 경험하고 통과할 수 있다면 싸움을 통해서 얻은 균열은 자기 발견의 시간이 된다. 이것이 가능한 이유는 '나'라는 존재는 나의 '이야기'가 아니라 그 '이야기를 쓰는 자'이기 때문이다.

2부

싸움의 기술

3. 싸움의 기술:
준비

관계에서 정당한 불만이 있는데도 불만을 제기하거나 싸움을 시작하지 못하는 이유는, 그렇게 했을 때 자신에게 불리한 상황이 예측되거나, 허투루 덤볐다가 당할 수 있다고 생각하거나, 또는 관계를 잃어버릴 수 있다는 두려움이 있어서일 것이다. 또는 싸워봤자 아무것도 변하는 것이 없고 더 실망했던 경험만 있어서일 수도 있다.

가정 폭력을 당하는 여성의 경우, 집을 나가서 살 수 없는 상황이라면 참담해도 참고 살기도 한다. 친구가 자기를 이용하고 있는 것을 뻔히 알면서도 자기 곁에 그 친구밖에 없다면 당당하게 싸우지 못하기도 한다. 또는 동료에게 부당함을 호소했다가 무시를 당하거나 오히려 자신이 사과하는 상황이 반복적으로 있었다면, 싸움을 시작하기가 두려울 것이다.

싸움이 자기가 바라는 대로 되지 않더라도 절망하고 낙담하거나 무너지지 않기 위해서, 먼저 언제 어디서 어느 선까지 싸운다는 식의 싸움의 판을 짜고, 설령 쓰러지더라도 다치지 않게 넘어지는 낙법 기술을 연마해 보자.

싸움의 판을 짠다

싸움은 대부분 감정적인 상황에서 의도치 않게 욱하고 일어난다. 그렇다 보니 '어떻게' 싸울 것인지 고민하고 싸우기도 쉽지 않고, 그렇다고 평소에 싸움의 '기술'을 연마해 놓는 경우도 거의 없다. 나도 모르게 속마음이 불쑥 튀어나오거나 참고 참다가 터지듯이 싸우는 것이 가까운 관계에서 일어나는 대부분의 싸움의 방식이다. 싸움을 하기 전에, 즉 아직 감정에 휩싸이지 않고 정신이 또렷할 때, 자신에게 유리한 또는 관계의 성장에 가장 효과적인 싸움의 판을 짜볼 수 있다.

이것은 싸움이 감정적이 되어서는 안 된다는 말이 아니라(감정적이지 않은 싸움이 가능한지도 모르겠다), 싸움을 통해서 감정의 증폭과 폭발이 어디까지 갈 것인지 미리 한계를 그어놓을 필요가 있다는 말이다. 우리는 자신의 화의 결과를 두려워해서 아예 화를 못 내는 경우가 있는데, 그 이유는 화를 터뜨렸다가 자칫 자신이 돌이킬 수 없는 행동을 할까봐 두렵기 때문이다. 그러니 싸우기 전에 명료한 정신으로, '여기에서만' 그리고 '여기까지만'이라는 싸움의 한계를 설정해 보자.

싸움의 장소

운동 경기에서 홈그라운드 경기가 더 유리한 것처럼, 싸움도 자신의 홈그라운드 경기로 만드는 것이 유리하다. 어떤 장소에서 싸우는 것이 자신에게 유리할지 미리 생각해 보자. 예를 들어 옆에 모르는 사람들이 보고 듣는 공공 장소에서 싸우는 것이 불편하기는 하겠지만, 상대방이 언성을 높이지 못하게 하는 효과가 있으니 일부러 그런 장소를 선택할 수도 있다. 또는 바닷가나 강가처럼 마음이 열리는 넓은 곳에서 싸우기로 마음먹을 수도 있다.

싸움의 시간

싸움을 여유 있는 저녁 시간이나 주말에 할 것이 아니라, 아예 출근하기 30분 전에 한다. 일하는 데 능률이 오르지 않아 힘든 하루가 될 수도 있지만, 어쨌든 일에 마음을 쏟을 수밖에 없으므로 밤새 잠 못 자고 엎치락뒤치락하는 것보다는 나을 수 있다. 또는 정신이 가장 또렷한 오전 시간이나 마음이 말랑말랑해진 저녁 시간에 싸우기로 결정할 수도 있다. 자신에게 어떤 시간이 가장 유리할지 생각해 보자.

싸움 전후의 계획

에너지가 올라가고 자신감도 높아지는 운동(킥복싱, 역기 들기 등)을 하고 난 후에 싸운다면 좀 더 적극적인 자세로 싸울 수 있고, 마음을 안정시키는 운동(요가 같은)을 하고 난 후에 싸운다면 좀 더 평화롭게 싸울 수 있을 것이다. 또는 싸우기 전이나 후에 자신을 지지하는 친구나 상담사를 만날 계획을 짜는 것도 좋은 방법이다.

어디까지 말하고 행동할지 데드라인을 정한다

불편하거나 못마땅한 점을 말하더라도 상대방의 가족을 모욕하는 말은 하지 않겠다거나, 소리를 지르더라도 폭력적인 행동은 절대 하지 않겠다거나, 만약 그럴 조짐이 보인다면 그 상황에서 어떻게든 빠져나오겠다고 결심한다. 또는 만약 자신이 압박을 느낄 경우 자리를 박차고 나가는 유형이라면, 그런 방식으로 싸움을 중도에 멈추지 않겠다고 결심할 수도 있다. 부부인 경우 아무리 싸움이 격해져도 이혼 이야기는 꺼내지 않겠다는 식으로 일종의 묵시적인 한계를 정할 수도 있다. 그 한계가 바로 데드라인deadline, 즉 밟으면 죽는 선이다.

낙법을 연마한다

어린 시절 나는 아버지가 운영하던 태권도 도장 내의 유치원을 다녔는데, 그때 찍었던 사진이 하나 있다. 긴 생머리를 휘날리며 낙법을 하는 장면이다. 유도도 아닌 태권도 도장에서, 그것도 유치부에서 왜 아버지는 낙법을 제일 먼저 가르치셨는지 모르겠지만, 낙법을 하려고 몸을 날리는 순간 느꼈던 짜릿함과 두려움이 아직도 얼핏 기억이 난다.

낙법을 잘 배우면, 상대가 나를 내치는 순간 몸에 밴 기술로 안전하게 떨어짐과 동시에 굴러서 바로 발딱 일어설 수 있다. 우리도 싸우기로 작정을 한다면, 싸우다 질 수도 있고 울 수도 있고 실망할 수도 있음을 염두에 두고 그런 순간 상처 없이 안전하게 넘어지고 바로 일어서는 방법을 미리 연마해 놓자. 관계 안에서 싸울 때 우리에게 필요한 낙법은 뭘까? 넘어져도 괜찮다는 믿음, 넘어져도 바로 일어나겠다는 결심, 그리고 그 과정에서 배우겠다는 태도일 것이다. 다음과 같은 낙법의 태도를 기억하자.

- 이 싸움에서 이해받지 못한다고 해도 내가 무가치한 사람이 아니다. 만약 이 싸움이 원하는 쪽으로 잘 풀리지 않더라도 나는 괜찮을 것이다.
- 이 사람과의 관계가 있기 전에도 나는 괜찮았으며, 이 관계가 없더라도 나는 괜찮을 것이다.
- "나는 왜 이 모양일까?" "역시 나는 안 돼" 따위의 생각은 하지 않는다. 싸움에서 지더라도 나는 실패자가 아니다.
- 한 번의 싸움으로 원하는 변화를 얻지 못한다 하더라도 포기하지 않는다. 다음에는 좀 더 나은 싸움의 기술을 쓸 것이고, 더 나은 싸움의 판을 짤 것이다.

공격

화를 표현하되 화 에너지를 표출할 필요는 없다

우리는 단지 입으로만 말을 하는 게 아니다. 얼굴 표정, 눈빛,

자세, 목소리의 톤과 높이 등 모든 것으로 말을 한다. 우리는 때로 (실은 매우 자주) 입으로 말하는 내용과 몸으로 말하는 것이 일치하지 않는 경우가 있다. "나 화 안 났어"라고 침착하게 말은 하고 있는데 손은 주먹을 쥐고 있다든가, "안 돼"라고 말을 하면서 어깨를 움츠리고 있다든가, "사랑해"라고 하면서 손은 뒷짐을 지고 있다든가……

싸움을 할 때는 뭔가 불편한 것이 있어서 하는 것이므로, 그럴 때 내가 얼마나 불편한지를 알려주려면 그에 걸맞은 말과 표정과 몸짓이 필요하다. 화를 내본 적이 없다거나 낼 줄 모른다는 사람을 종종 만나는데, 세상에 화가 안 나는 사람이 정말 있을까? 화를 내지 않는다는 말은 자신이 생각하기에 화난 사람들이 일반적으로 하는 행동을 하지 않는다는 뜻일 것이다. 겉으로 드러나지 않게 화를 돌려서 표현하는 예는 아주 많다. 욕은 하지 않지만 상대방의 약점을 들출 수도 있고, 큰소리를 내지는 않지만 상대방을 무시하는 태도로 말을 할 수도 있고, 직접 화를 내지는 않지만 상대방 스스로 우스운 꼴을 만들도록 살살 유도하는 경우도 있다. 이런 방법들은 정정당당하게 힘을 표현해 보지 못했거나 화를 내면 안 된다는 내면의 강력한 목소리가 있는 사람이 상대방을 넘어뜨리기 위해서 쓰는 교묘한 술책들이다.

우리는 정정당당하게 싸우는 것이 목표이므로, 실제로 하고자 하는 말의 내용과 일치하는 얼굴 표정이나 몸짓을 취할 필요가 있다. 화가 났다고 해서 심하게 소리를 지르거나 물건을 던지거나 폭력을 행사하라는 뜻은 절대 아니다. 화가 났다는 것을 표현하는 것과 화의 에너지를 표출하는 것(예컨대 물건을 던지거나 소리를 지르거나 때리거나)은 전혀 다른 문제이다. 우리는 화의 날것 에너지를 표출하지 않고도 화를 표현하고 화를 경험할 수 있다.

"싫어"라고 말하거나 "하지 마"라고 말할 때 이에 걸맞은 단호한 얼굴 표정과 적절한 몸짓 언어를 연마할 필요가 있다. 관계에서 약자의 위치에 있는 사람들이 화를 내거나 불만을 터뜨리거나 이의를 제기하고는 곧바로 자신의 말이나 행동을 취소하는 태도를 보이는 것을 흔히 볼 수 있다. 남녀 관계에서도 많은 여성들이 화를 내고 난 뒤 웃음을 짓거나 말꼬리를 희미하게 내리거나 혹은 마치 질문을 하듯이 끝을 올려서 말하는 경우가 매우 흔하다.

여성들은 많은 경우 화를 내면 안 된다고 배우며 자란다. 그렇다 보니 화를 내고 나면 즉시 죄책감을 느끼거나 혼날 것 같은 느낌을 받는 경우도 있고, 아예 정신줄을 놓고 상대방에게 '와다다다' 화를 퍼붓게 되기도 한다. 아무리 약한 초식 동물이라도 맹수에게 쫓기다가 더 이상 도망갈 데가 없으면 돌아서서 공격을 한다. 아무리 싸움을 싫어하는 사람이라도, 아무리 착한 딸로만 자란 사람이라 하더라도, 스스로를 방어하기 위해서는 싫을 때 싫다고 말할 줄 알아야 한다. 그리고 싫다는 말을 하자마자 곧바로 머리를 숙이는 것이 아니라 두 발을 단단히 고정하고 고개를 똑바로 든 채로 그 자리를 지키자.

두 발을 땅에 단단히 고정한 채로 "싫어"라고 단호히 말할 수 있으려면, '여자는 이렇게 하면 안 돼' '착한 애는 그러는 거 아냐' 또는 '좋게 말하지 않으면 사람들이 싫어해' 같은 심리적인 저항의 벽을 뚫어야 한다. 피해 의식에서 벗어나도록 하기 위해서 여성 내담자들에게 "싫어"라는 말을 하도록 연습시킬 때가 있는데, 이때 여성들이 스스로에게 놀라는 경우가 많다. 안전한 상황에서 그저 연습으로 말을 해보도록 했을 뿐인데, 왜 '싫다'는 말이 단호하게 나오지 않는지, 왜 목소리가 떨리거나 기어들어 가는지 굉장히 당황스러워한다. 자기 안에 있는 그 벽을 이제야 제대로 만나고 놀라는 것이다.

그런데 여성들과 달리 남성들은 그저 '싫다'는 의사 표현을 하라고 했을 뿐인데도 지나치게 과하게 표현하는 경우들을 많이 보았다. 소리를 지를 필요도 없고 싸울 듯이 말할 필요도 없고 그저 단호한 목소리로 "싫어"라고만 하면 되는데, 그 말을 하는 순간 싸울 듯이 노려보거나 주먹을 쥐는 등 폭력적인 에너지가 느껴졌다. 필요한 정도 그 이하도 이상도 아니게 단호함을 표현하는 것은 여성이나 남성 모두 연습이 필요한 것 같다.

얼마 전 '용기'라는 주제를 가지고 워크숍을 한 적이 있는데, 자신을 지키기 위해서 공격성을 표현할 수 있어야 한다는 말을 하면서 공격성이 드러나는 표정의 가면 만들기를 한 적이 있다. 한국 전통의 도깨비 가면과 뉴질랜드 마오리의 하카[13] 영상을 보여준 뒤, 우리 안의 공격성을 표현하는 얼굴 표정을 가면으로 만들게 했다. 그런데 잠시 후 방 안에 불편한 기운이 가득해지는 것이 느껴졌다. 화를 통제하는 법을 배우러 왔는데 화를 표현하라고 하니 어떻게 해야 할지 모르겠다며 당황해하는 중년의 남자도 있었고, 마치 잡아먹을 듯한 표정의 시뻘건 가면을 신나게 만들기는 했는데 다 만들고 나니 왠지 부모님이나 선생님한테 혼날 것 같은 느낌이 들어 매우 불편하다는 젊은 여성도 있었다.

워크숍 참가자들이 기대한 것과 내가 의도한 것이 뭔가 핀트가 잘 안 맞는 느낌이었는데, 그와 동시에 사람들에게는 '공격성'이나 '화'를 죄악시하는 면이 있구나 하는 느낌도 들었다. 나는 화를 경험하는 것과 화를 내는 것은 다른 문제라는 점을 이야기하고 싶었다. 화를 경험하는 것, 즉 화가 몸 안에서 생리적 반응으로 일어나는 것은 어쩔 수 없지만, 밖으로 화를 낼지 말지는 선택할 수 있다. 또 화의 표현이 폭력적일 필요가 없으며, 춤이나 그림 등 예술적인 방식으로 표현할 수도 있고 운동으로 에너지를 소진시킬 수도 있다는 점을 말하고 싶었다. 하지만 화를 상상하고 표현하는 것 자체만으로 죄책감이 건드려지는 것 같았다.

생각해 보면 우리는 자라면서 화를 허락받거나 인정받지 못했다. 그렇다 보니 화가 너무나 미숙한 형태로 경험되고 표출되곤 했으며, 그 결과 스스로에게 두려운 감정이 되어버린 것 같다.

연습: 화를 경험하되 표출하지 않는다

과거에 화가 났던 상황을 최대한 구체적으로 상상해 본다. 몸의 열기, 근육의 긴장, 정신의 각성, 또렷해지는 초점 등 화가 일으키는 에너지의 변화를 느끼기만 하고 행동은 하지 않는다. 그 대신 눈빛이 이글거리는 용맹한 전사 같은 자세를 취해본다. 요가의 '산 자세tadasana'(산처럼 굳건하고 곧게 선 자세)처럼 아무 미동도 없이 그저 똑바로 서 있는 자세도 좋다. 두 발을 바닥에 단단히 고정하고 자세를 똑바로 한 뒤에, 화의 에너지가 몸 안에서 움직이고 돌다가 결국 서서히 사라지는 것을 느껴본다.

4. 싸움의 기술: 초급

급소를 찌르지 않는다

싸우다가 자신이 한 말에 비해 상대방의 반응이 훨씬 크게 보이면 혹시 상대방의 급소를 찌른 것은 아닌지 의심해 보아야 한다. 이런 때는 상대방의 반응에 다시 반응하지 않는 것이 좋다. 상대방의 급소가 어디에 있는지 알고 일부러 찌르는 경우도 있겠지만, 그보다는 이 말 저 말 하다가 실수로 급소를 건드리는 경우가 더 많을 것이다. 의도치 않게 급소를 찔렀다면 상대방의 몸에서 뭔가 변화가 나타날 것이다. 얼굴을 찌푸린다든지, 목과 어깨가 긴장해서 힘이 들어간다든지, 호흡에 변화가 보인다든지……

이럴 때면 바로 멈추어야 한다. 급소는 상대방이 잘 인정하지 않으려 하기 때문에 자칫 저항감의 폭격을 맞을 수 있다. 이때는 하던 말을 멈추고 얼른 말을 바꾸거나 상황을 바꿔보기를 추천한다. 대화의 주제나 맥락을 달리한다거나, 대화에 몰입해 있는 데서 빠져나올 수 있도록 행동의 변화를 취해보자. 예컨대 앉아 있다면 일어선다거나 하는 식으로 자세나 위치를 바꾸어본다. 만약 상대방이 급소가 눌려 당장이라도 폭발할 것 같은 위기 상황이라면 그 상태에서 빠져나오기 위한 비법을 써야 할 수도 있다.

여기에서 비법이란 상대방을 깜짝 놀라게 하는 방법을 말한다. 예를 들어 들고 있던 종이나 펜을 떨어뜨린다거나, "아!" 하고 무릎을 치면서 갑자기 뭔가 생각났다는 듯 말한다거나, 갑자기 다급한 태도로 어딘가로 급하게 가자고 하면서 나간다거나 하는 식이다. 하지만 자칫 상황에서 빠져나오려고 딴짓 한다는 인상을 줄 수 있으므로 너무 자주 이런 행동을 하지는 말자.

급소는 너무 연약하고 자칫 상처 입기 쉬운 부위라서 싸움을 멈추지 않으면 그 상처만 더 키울 수 있다. 우리는 누구나 급소를 가지고 산다. 나는 누가 나한테 "너는 이걸 할 수 없을 걸?"이라는 말이나 제스처를 해보이면 몸에 열이 확 오른다. 그리고 아주 빠른 연쇄 반응으로 금방 상대방을 쏘아붙이거나 내가 할 수 있음을 증명하겠다며 큰소리치게 되는데, 사실은 내 안의 '자신감 부족'이라는 급소가 건드려진 것이다. 그런데 몸이 온통 급소투성이여서 이렇게 저렇게 자꾸자꾸 찔린다면, 이것은 싸움의 기술을 통해서 풀 수 있는 것이 아니므로 심리 치료를 받아보기를 권한다. 그리고 급소 가운데서도 수치심이나 죄책감이 건드려지면 감정이 급격하게 폭발한다는 점도 알아두는 것이 좋다.

이혼을 생각중이라는 삼십대 중반의 여성을 만났다. 그녀는 남편이 늘상 피곤하다면서도 운동을 하지 않는 게 너무 불만이다. 과체중인 그가 운동도 안 하고 나쁜 식습관도 바꾸지 않는 것을 보면 속이 터질 것 같다고 했다. 게다가 무거운 것을 들거나 계단을 오르락내리락하는 것도 힘들어해서, 택배 기사한테 받은 박스를 옮기거나 쇼핑해 온 식료품을 집에 들고 오는 것은 다 그녀 몫이었다.

어느 날 또 그런 일이 있었는데, "무슨 남자가 이것도 하나 못 들어?" 하고 쏘아붙였더니 남편은 자존심이 상했는지 문을 박차고 나가버리더란다. 그 이야기를 전하면서 그녀는 처음 만났을 때부터 남편이 "무슨 남자가 그래?"라는 식의 말만 들으면 자존심 상해하더니 아직도 저런다고 했다. 자존감은 엄청 낮은데 자존심이 센 것이 문제라는 평가도 덧붙였다. 그렇다면 남편의 낮은 자존감이 급소라는 건데, 그것을 결혼 10년 동안 계속 찌르면서 다른 반응을 기대하는 게 오히려 이상하지 않은가?

우리는 자신은 똑같은 행동을 하면서 상대방이 다르게 반응하지 않는다며 핀잔을 주거나 욕을 할 때가 있다. 자신은 매번 짜증난 표정과 말투로 자녀에게 말하면서 "자기 잘되라고 하는 말에 왜 욱하고 대드냐?"고 따지는 경우도 있고, 옆 사람에게 야유와 판단을 섞어 말하면서 "왜 진심어린 충고를 제대로 듣지 않고 기분 나빠하느냐?"고 되받아치는 경우도 있다. 자기가 어떤 표정과 목소리, 몸짓으로 말을 하고 있는지 몰라서 그러기도 하고, 성경이나 속담에서 말하듯 남의 눈에 있는 티끌은 보면서 제 눈의 대들보는 보지 못해서 혹은 멀리 있는 새는 보아도 내 눈앞에 있는 속눈썹은 보지 못해서 그러기도 할 것이다. 혹은 뇌 과학자들의 말처럼 우리의 감각이 외부로 향해 있어서 타인은 잘 보지만 자신을 보긴 어려워 그럴 수도 있을 것이다. 어떤 상황에서도 충고는 도움이 되지 않지만, 특히 상대방이 급소가 찔린 상태에서 그에게 충고를 하는 것은 그로 하여금 귀를 닫게 하고 입을 닫게 하며 나아가 관계까지 밀치게 한다.

급소가 찔렸다면

자신의 급소가 찔렸다면, 그에 대한 일체의 반응을 멈추고 싸움을 멈추어야 한다. 상대방이 나의 급소를 건드렸다 하더라도 그로 인한 아픈 상처는 이미 내가 가지고 있는 것임을 알아차리고, 자신의 급소를 찌른 사람에게 보복하지 않는다. 그리고 상처의 아픔이 어느 정도 누그러졌다면, 급소를 찔렸을 때 자동으로 작동되는 감정의 움직임을 곱씹어보자.

급소에는 그것을 구성하는 몇 가지 요소가 있다. 표면에 드러나 있는, 건드리면 아픈 지점(단추)이 있고, 이 지점이 눌려지면 작동하는 일련의 감정의 흐름(프로그램)이 있다. 그리고 이 흐름을 따라 나오는 자동화된 반응(폭발)이 있다. 상대방은 단추를 눌렀을 뿐이고, 단추가 눌리면서 작동되는 프로그램이나 그 프로그램의 마지막에 나오는 폭발물은 내가 이미 가지고 있는 것이다. 나의 감정이 어떤 때 폭발하는지 알게 해준다는 점에서 그 단추를 눌러준 사람이야말로 사실은 고마운 사람이다.

이 책에서는 '급소'라고 부르지만 심리학에서는 이것을 감정적 촉발 포인트emotional trigger point라고 부른다. 어떤 것이 감정적인 반응을 촉발하는지는 사람마다 다르다. 어떤 사람은 과거에 경험했던 트라우마가 그 촉발 지점일 수 있고, 어떤 사람은 자신에게 아주 중요한 가치가 부정되거나 무시될 때 감정이 촉발될 수 있다.

또 어떤 사람은 사랑받고자 하는 갈망이 커서 관계를 맺고 있는 사람으로부터 사랑받지 못한다는 느낌이 들면 격렬한 감정적 반응이 일어나기도 하고, 어떤 사람은 공동체의 일원이 되는 것을 매우 중요하게 생각하는데 모임에서 마치 '꿔다놓은 보리자루' 취급을 받으면 심하게 화를 내기도 한다. 또는 미리 계획을 세워서 상황을 통제해야 불안하지 않는 사람이라면, 상황을 아무도 알려주지 않거나 상의 없이 계획이 바뀔 때 화가 날 수 있다. 우리는 각자 지키고 싶은 것이 있고, 갈망하는 것이 있으며, 이것이 채워지지 못하거나 위협을 받을 때 극심하게 감정적이 되고는 한다. 바로 이 지점이 감정적 촉발 포인트 또는 '급소'이다.

실수로라도 타인의 급소를 찔렀을 때 그 사람의 몸의 반응을 보고 그 사실을 알 수 있는 것처럼, 자신의 급소가 찔려서 통제하기 어려운 감정이 일어났을 때도 역시 자신의 몸을 관찰하여 알 수 있다. 호흡이 갑자기 빨라지거나 느려진다거나, 호흡을 순간적으로 멈춘다거나, 심장 박동의 리듬이 바뀐다거나, 몸의 어느 부분에 갑자기 힘이 들어가서 딱딱하게 굳는다거나, 입이 마른다거나, 위장이 꼬인다거나 정신이 멍해진다거나 하는 식으로 몸의 즉각적인 반응이 나타나는 것이다.

급소가 찔렸을 때에는 이성으로 감정을 통제하려 하기보다(통제가 잘 되지 않는다) 힘을 빼고 에너지의 중심을 아래로 내려서 안정감을 회복하자. 급소가 찔리면 욱하고 일어나는 감정들이 있다. 화살을 하나 맞았다고 느껴지는 순간, 화살 열 개를 쏘아대고 싶은 공격성이 긴장감과 함께 곧바로 올라온다. 그 순간 올라오는 긴장감과 공격성을 알아차리고 바로 내려놓자. 긴장감과 공격성은 자동화된 자기 보호 본능일 뿐이며, 지금 상황이 반격을 가해야 할 만큼 위급한 상황도 아니다. 하지만 반격하고 싶은 마음이 들었다는 것은 그 감정이 촉발된 그곳에 급소가 있다는 뜻이므로, 이것은 중요한 사건이고 중요한 정보이다. 상황이 진정되고 나면 자신이 어떤 말, 어떤 상황, 어떤 표정에 욱했는지 잘 살펴보자. 그리고 이 '욱'하는 과정을 자유 연상 글쓰기 방식으로 쭉 써보기를 권한다. 자유 연상 글쓰기 방식이란 떠오르는 것을 의식의 통제 없이 빠른 속도로 써 내려가는 방식을 말한다.

드러나지 않은 상처는 내 삶에 큰 영향을 미치고 있어도 실체를 파악하기 어렵지만, 비록 아프더라도 건드려져서 드러난 상처는 내가 어디가, 어떻게, 왜 아픈지를 가르쳐주기 때문에 중요하다. 상대방을 탓하기를 멈추고, 건드려진 지점을 가만히 들여다보면서 글을 쓴다면 그 시작은 아마도 "그가 나를 찔렀다" 정도가 되겠지만, 마지막에 가서는 해결되지 않은 어떤 오래된 기억이 떠오를 수도 있다. 어쩌면 찔려서 얼얼한 그 지점에서 오랫동안 웅크리고 있던, 이해받기 바라고 보호받기 바라는 아이를 만날지도 모른다. 우리는 아픈 지점을 통과할 때 치유가 일어나고는 하는데 이때에도 마찬가지이다. 그 아이를 진심으로 만나고 바라보고 품어주면 급소가 사라질 수 있다.

나는 사람들과 내면 아이 작업을 할 때, 참여자들에게 명상이나 그림 작업을 통해서 이 아이를 만나고 이 아이가 하는 말을 듣게 할 때가 있는데, 그러한 작업에서 핵심은 제일 마지막에 아이에게 들려주는 주문 같은 한 문장이다. "내가 너를 보았고, 너의 이야기를 들었으니, 이제 가거라."

경멸하지 않는다

무술 영화에서 자주 보는 '도장 깨기'는 한 도장의 최고 무사가 다른 도장의 최고 무사를 찾아가 대련을 해서 실력을 알아보는 싸움이다. 도장 깨기를 하러 가는 무사는 자신의 적수를 찾아가는 것이므로, 적수가 아닌 사람과는 싸우지 않고 상대에게 존중을 표하는 걸 잊지 않는다. 그것은 그 상대와 싸우는 자신에 대한 존중이기도 하다. 그러므로 싸울 때는 설령 물고 뜯고를 할지라도 비웃지 않는다. 그런데 우리는 싸우는 과정에서 상대방을 깔보거나 비웃는 경멸의 행동이나 말을 할 때가 있는데, 이러한 행동이나 말은 싸움을 처음의 의도와 다르게 막장 싸움으로 치닫게 만들 수 있다.

부부 사이의 경멸

워싱턴대학교의 존 가트맨John Gottman 박사는 결혼 초기의 커플들을 인터뷰하고 관찰해서, 그들이 결혼 후 6년 정도 안에 이혼을 할지 안 할지를 90퍼센트 정도의 정확도로(한 연구에서는 무려 97퍼센트의 정확도로) 예측한 것으로 유명하다. 처음에 이 연구 결과에 대해 들었을 때는 그 사실이 믿어지지 않았다. 아무리 용한 점쟁이라도 이렇게 맞히기는 힘들 테니 말이다. 하지만 그가 어떻게 그런 예측을 했는지 알면 무릎을 칠 수밖에 없다.

그는 결혼을 앞둔 커플들을 인터뷰하면서 그들이 결혼에 대해서나 서로에 대해서 어떤 태도를 보이는지 유심히 살폈다. 대화하는 장면을 비디오로 촬영해 슬로 모션으로 돌려 보면서, 진짜 감정 상태를 나타내는 미세 표정들을 면밀히 분석했다. 미세 표정micro-expression이란 0.5초에서 길게는 4초 사이에 잠깐 지나가는 표정으로, 스스로 통제하거나 감출 수 없는 진짜 감정이 드러난 것을 말한다. 연구의 핵심은 바로 그 미세 표정에서 경멸의 감정이 드러나 있는지 찾는 것이었다.

경멸의 감정은 눈동자를 굴리거나 "흥" 하고 콧소리를 내면서 비웃거나 입술을 씰룩거리는 등 특유의 표정을 지니고 있다. 가트맨은 이런 연구를 바탕으로 서로에 대한 경멸의 감정과 이혼 사이의 상관 관계를 증명했다. 그는 행복한 커플도 행복하지 않은 커플만큼이나 서로에게 화를 내고 싸우지만 그들에게서는 경멸의 감정을 발견할 수 없었다고 한다. 가트맨은 40년 동안 커플들의 관계를 연구한 내용을 정리하면서, 중요한 것은 싸움의 빈도수가 아니라 어떻게 싸우느냐라고 말했다. 그리고 서로에 대한 경멸의 감정이야말로 관계를 파국으로 몰아가는 가장 심각한 독이라고 보았다.

우리 사회의 경멸

시카고에서 유학할 때의 일이다. 그곳 텔레비전 채널 중 한 곳에서 한국 드라마를 영어 자막과 함께 방영했는데 즐겨보는 미국 사람들이 꽤 많았다. 한번은 미국 친구와 함께 한국 드라마를 보는데, 한 장면에서 그 친구가 정말 이해가 안 된다면서 손을 위로 쳐들고 "와이Why? 와이?"를 연발했다. 한 부잣집 여성이 주인공인 가난한 남자(아마 딸의 남자친구였던가 싶다)에게 컵에 든 물을 뿌리는 장면이었다.

또 한 번은 미용실에 머리를 자르러 갔는데 미용사가 나에게 한국 사람이냐고 물었다. 그렇다고 하자 자기가 본 한국 드라마의 한 장면이 너무 이해가 안 되는데 설명을 좀 해달라고 했다. 들어보니, 두 사람이 말다툼을 하다가 한 사람이 상대방 얼굴에 갑자기 '김치 싸대기'를 날리는 장면이었다. 이런 일이 정말 있느냐면서

도대체 왜 그런 행동을 하느냐고 묻는데 참 난처했다.

한국의 막장 드라마에 종종 나오는 물 뿌리기나 김치 싸대기 같은 행동은 모두 경멸의 표현이다. 물론 그런 액션에 따라붙는 전형적인 경멸의 대사도 있다.

"이 벌레보다 못한 것!"

"왜 나를 그렇게 쳐다봐? 내가 더러워? 내가 똥 같아?"

상대방이 벌레보다 못하다고, 더러워서 토할 것 같다고 아주 적나라하게 표현한다. 그리고 상대방은 그 표현을 정확하게 알아듣고 격분한다. 소금을 뿌리는 것이나 물을 뿌리는 것은 다 정화 의식이 아닌가? 경멸은 나와 접촉한 더러운 것을 토해 없애고자 하는 반응이다.

물 세례나 김치 싸대기를 현실에서 보기는 흔치 않지만(아마 그러고 싶은데 참는 것을 드라마가 대리만족시켜 주기 때문에 계속해서 이런 장면이 연출되는 것 같기는 하다), 나와 다른 사람들의 집단을 벌레에 빗대어 말하는 일은 흔하다. 예를 들면 '맘충'이란 자기 아이만 챙기는 몰지각한 엄마를, '한남충'은 가부장적인 한국 남성을 뜻한다. 또 사상 최악의 청년 실업으로 인해 대학 졸업을 연기하면서 사회 진출을 미루는 청년들을 '학식충'이라 부르기도 한다. 서열 의식이 강한 한국 사회에서 자기보다 못해 보이는 사람을 멸시하는 경향이 강해지고 있고, 그만큼 무슨무슨 '충'으로 불리는 이들

역시 극심한 분노를 경험하면서 상대 집단을 또 다른 경멸 가득한 이름으로 부르며 반격하는 모습도 볼 수 있다.

진화의 입장에서 보자면, 우리의 모든 감정이 그렇듯이 경멸이라는 감정도 우리의 생존과 관련이 있다. 썩은 것을 먹었으면 토해내야 하고, 손에 더러운 것이 묻었으면 빨리 씻어야 하며, 그런 것들이 아직 우리 몸 안에 들어오기 전이라면 물을 뿌리든지 소금을 뿌리든지 아니면 불을 지르든지 해서라도 그것을 정화해야 한다. '코로나 19' 바이러스가 전 세계를 강타한 2020년 봄 우리는 손 씻기, 거리두기, 확진자 격리하기 등 역사적으로 전염균을 다루어온 방식을 다시 한 번 재연하고 있는데, 경멸의 감정은 원래 바로 이 전염균에 대한 반응과 유사하다. 즉 우리의 생존을 위협하는 것이 우리 몸에 들어오지 못하도록 막아 건강과 안녕을 지키고자 일어나는 격한 감정적 반응이라는 말이다.

그렇다면 경멸이라는 감정이 있다는 것 자체가 문제가 아니라, 나와는 다른, 나보다 못난, 내가 그렇게 될까봐 두려운, 혹은 나에게 피해를 줄까봐 염려되는 사회적 약자나 힘이 없는 집단에 그 경멸의 감정을 투사한다는 점이 문제일 것이다. 이것은 본질적으로 사회적인 문제이다. 예를 들어 우리 사회는 낙오자를 경멸하는 경향이 있는데, 이 경멸의 감정이 만약 내가 낙오자가 될지 모른다는 두려움에서 나오는 것이라면, 이 감정은 우리 사회가 낙오자를 어떻게 바라보고 다루는지와 관련이 있다고 할 것이다.

왜 이렇게 우리 사회에서 경멸이라는 바이러스가 퍼지게 되었을까? 《모멸감: 굴욕과 존엄의 감정사회학》이라는 책에서 사회학자 김찬호는 인정 욕구는 늘어나는 데 반해 나의 존재 가치를 알아주는 사람들이 적고, 비교와 경쟁에서 우월해지지 않으면 행복할 수 없는 사회 분위기가 모멸감(경멸은 주는 사람의 감정이고, 모멸감은 경멸을 받은 사람의 감정이다)이 퍼지는 원인이라고 본다. 즉 우리 사회가 경쟁과 차별이 만연한 사회라는 데 그 원인이 있다고 보는 것이다.

나는 여기에 한 가지 더 추가해, '다르다'와 '틀렸다'라는 개념의 혼돈도 이런 현상을 부추기는 또 하나의 원인일 것이라고 생각한다. 얼핏 보기에 세상은 점점 더 다양화되는 것 같지만, SNS나 인터넷을 보면 취향과 성향이 비슷하거나 정치적 견해가 맞는 사람들끼리 서로 연결망을 만들고 있으며, 나와 다른 종류의 사람들에 대해서는 그들의 견해나 입장이 나와 '다른' 것이 아니라 '틀렸다'고 말하는 것을 많이 볼 수 있다. 만약 당신이 여성이어서, 남성이어서, 노인이어서, 실업자여서 또는 엄마여서 당신이 하는 말이나 행위가 '틀렸다'고 여겨진다면 무척 화가 나서 반격하고 싶어질 것이다. 그리고 그에 대한 반격은 또 다른 집단에 대한 경멸로 이어진다. 이는 개인의 문제라기보다 사회적인 현상이다. 그런데 이에 대해 사회적인 책임을 묻기보다 개인들의 차원에서—가해자가 피해자가 되고 피해자가 가해자가 되면서—이러한 감정이 전염되고 퍼지고 있는 것이다.

경멸 바이러스의 전파자가 되지 않는다

상대방의 존재에 대한 무시와 비아냥이 있을 때에는 두 사람이 정정당당하게 싸울 수도 없고 갈등을 해소할 수도 없다. "당신이 그렇지 뭐. 내가 뭘 기대해?"라면서 상대방의 존재감을 깔아뭉갠다면 그로부터 자기가 바라는 변화를 기대할 수는 없다. 존재감이 무시된 사람은 자신의 행동을 바꾸거나 사과를 하거나 문제를 풀 수 있는 상태가 아니기 때문이다.

강의를 할 때 사람들에게 경멸의 감정을 설명하기 위해서 이 감정을 연기할 때가 있다. 그럴 때 나는 사람을 곁눈으로 흘겨보고 눈알을 굴리면서 "네가 뭐라고!" 하며 콧소리 섞인 말을 뱉고, 마지막에는 잊지 않고 "흥~" 하고 짧은 콧방귀 소리를 낸다. 그러면 사람들이 다들 깔깔거리며 웃는데, 나는 웃음이 사라진다. 연기를 했을 뿐인데, 이러한 몸짓을 취하고 이런 말을 뱉고 나면 정말 기분이 '더러워진다.' 이런 '더러운' 기분은 잘 사라지지도 않아서, 나도 무의식적으로 소금을 뿌리고 싶은 마음이 드는지 소금 함량이 높은 해수 사우나탕에 가고는 한다.

이렇게 경멸은 그것을 주는 사람이나 받는 사람이나 똑같이 아주 더러운 기분이 들게 만든다. 그러니 어떤 말이나 몸짓이 경멸을 표현하는지 정확하게 알고 그것을 쓰지 않도록 한다. 경멸의 표현들은 쉽게 전염되는 특징이 있어서 경멸을 당하면 경멸을 하고 싶어진다. 두 사람의 관계를 위해서 그리고 우리 사회의 건강을 위해서도 이러한 표현은 쓰지 않도록 하고, 설령 받는다고 하더라고 돌려주지 않는다. 그리고 만약 주변에 이런 경멸의 언어로 주로 소통하는 사람이 있다면, 그 사람은 경멸 바이러스의 '슈퍼전파자'인 셈이니 거리두기가 상책이다. 다음은 경멸을 담은 말이나 몸짓의 예들이다.

- 경멸의 몸짓: 눈동자 굴리기, 입술을 실쭉거리기, 콧방귀 뀌기, 눈을 위아래로 흘겨보기, 옆으로 몸을 돌리기
- 경멸의 표현: "네가 뭐라고" "아무것도 아닌 게" "벌레만도 못한 놈" "인간 이하의 말종" 등 다양한 표현이 있는데, 기본적으로 상대방이 싸울 필요도 대면할 필요도 없는 하찮은 존재라는 의미의 표현들이다.

경멸을 당한다면

상대방의 경멸의 눈초리나 말투로 인해서 마음이 크게 상한다

면, 자신이 지금 그 경멸의 부름과 논리에 빠져들었음을 알아차리고 재빨리 빠져나오자. 길을 걷는 중에 누가 "바보야!"라고 부르는데 자신도 모르게 뒤를 돌아보고 화를 냈다고 해보자. 자기한테 "바보야"라고 한 것도 아닌데 말이다. 내가 스스로 바보라는 생각이 조금도 없다면 누가 가까이서 그런 말을 해도 듣지 못하고 그냥 지나칠 것이다.

심리 치료의 목표는 완벽히 깨달은 사람이 된다거나 내 안의 모자란 부분들을 완전히 없애는 것이 아니다. 그것이 목표라면 평생 심리 치료를 해도 죽기 전에 다 마치기 어려울 것이다. 그보다는 내 안의 어떤 부정적인 감정이 촉발될 때, 이것이 내 안에 있는 것인지 아니면 내가 흡수한 타인의 감정인지 그 심리적 경계를 구분하는 것이 심리 치료의 목표 중 하나이다.

타인에 대한 나의 감정이(예를 들어 누군가를 경멸하거나 이유 없이 싫어할 때) 내가 인정하지 못하고 받아들이지 못하는 나의 어떤 면의 투사에서 기인한 것이라면, 이 감정은 원래 나의 것이므로 상대방을 탓할 이유가 전혀 없다. 그 반면 내가 느끼는 감정이 상대방이 나에게 보낸 투사에서 기인한 것이라면, 이것은 그 사람의 것이므로 내가 반응할 필요가 없다. 즉 "바보야"라는 소리는 나에 관한 것이 아니므로 고개를 돌려 쳐다볼 필요가 없는 것이다. 그러니 상대방의 경멸의 말과 태도에 모욕감을 느낄 때, 만약 자기 안에도 그러한 경멸의 감정이 든다면(즉 스스로 바보라고 여기는 부분이 있다면) 이를 알아차리고 자신의 감정을 해소하려고 노력하거나, 자신의 존엄성을 지키기 위해서 상대방과 싸울 수 있다. 하지만 이보다도 더 강력한 대응은 '무반응'이다. "바보야"라고 부르는 소리가 나와 상관없는 것이므로, 그 부름에 대답하지 말고 그냥 지나갈 일이다.

쓰러진 사람을 또 찌르지 않는다

무술 영화를 보면 한쪽 사람이 다른 사람에게 찔려서 넘어지거나 항복을 하면 더 이상 그 사람을 공격하지 않는다. 적어도 정정당당히 싸우는 무사들은 그렇다. 상대방이 쓰러졌거나 항복을 했는데도 분이 풀리지 않아서 계속 폭력을 휘두르는 사람을 우리는 매우 혐오한다. 그런 사람을 욕할 때 "양아치니?" "깡패야?"라고 말한다. 어디서 배운 바 없지만 우리는 누구나 그래서는 안 된다고 알고 있다.

이것을 모르는 자들은 악하거나 커다란 권력을 쥐고 있는 사람들이거나, 악과 권력 둘 다를 가지고 있는 사람들인 경우가 많다. 얼마 전 모 항공사 회장 부인이 직원에게 행패를 부린 일이나 모 기업의 회장이 폭력을 휘두르면서 매 값이라며 한 대당 100만 원씩 던진 일 등은 많은 이들의 분노를 자아냈다. 이런 행위는 싸움이 아니라 폭력, 특히 권력을 믿고 휘두른 횡포일 뿐이다.

항복한 사람을 더 이상 공격하지 않는다는 원칙이 듣기엔 쉬워 보일 수 있으나 그 절호의 기회를 놓치고 입을 다물기가 생각보다 쉽지 않다. 개들이 싸울 때 보면 한쪽이 항복을 인정하고 배를 내보이면 상대방 개가 더 이상 덤벼들지 않는다. 그에 반해 우리는 싸움을 시작하는 것도 어렵지만, 이만하면 되었다며 멈추기도 어려운 것 같다.

다음은 A라는 사람이 친구들에게 너무나 실망해서, 앞으로 누구를 친구라고 믿고 만나야 할지 모르겠다면서 나에게 들려준 이야기이다. A는 얼마 전에 반려견이 죽어 친구인 B에게 그 슬픔을 털어놨는데 B가 그에 대해 공감은커녕 그냥 다른 개를 키우라고 해서 화가 났었다고 한다. 다음은 A가 그 이야기를 친구 C에게 전하는 장면이다.

A: "우리 쫑쫑이가 죽고 나서 너무나 슬프고 괴로운데, B가 그냥 다른 개를 키우라고 그러는 거야. 어차피 오래 못 사는데 털고 일어나라고. 그렇게 말하는 B가 정말 내 친구이기나 한가

싶더라고."

C: "속상했겠다. 그런데 어떻게 보면 B의 말이 맞기도 해. 아니 가족이 죽은 것도 아닌데…… 넌 좀 오버하는 경향이 있어. 너, 정말 드라마 쓰는 거 아니니? 그냥 다른 개 키워."

A는 위로와 연대를 구하고 싶어 친구 C에게 B의 이야기를 전했다. 그런데 C의 대답은 이미 한 번 칼에 찔려 넘어져 있는 사람을 또 찌르는 격이다. A가 C에게 싸움을 건 것이 아닌데 이 상황에서 C가 A를 공격한 것은 매우 비겁한 일이다. 하지만 여기에는 A가 모르는 C만의 다른 시나리오가 있을 수도 있다. 예컨대 C가 남들로부터 위로를 받아본 적이 없어서 남을 어떻게 위로해 주어야 할지 몰랐을 수도 있고, 어떤 이유에선지 타인의 슬픔에 연결되는 것을 버거워할 수도 있으며, 그 역시 반려견을 잃고 슬픔에 젖어 있었을 때 다른 반려견을 찾은 것이 정말 위로가 되었을 수도 있다.

우리가 다른 사람을 위로하거나 공감하지 못하는 데는 수많은 이유가 있을 수 있다. 오죽하면 에밀리 맥도웰Emily McDowell이라는 디자이너는 유방암 치료 때 받고 싶었으나 받지 못했던 문구들을 가지고 나중에 '공감 카드Empathy Card'를 만드는 카드 회사를 차렸을까? 다음은 그녀가 치료를 받는 동안 사람들에게 받고 싶었던 공감과 위로의 문구들이다.

- "모든 일은 이유가 있어서 일어난다는 말을 하는 사람을 만나면 내가 제일 먼저 때려줄게."(Let me be the first to punch the next person who tells you everything happens for a reason.)
- "예전 상태로 돌아갈 수 없다는 것을 알아. 그 대신 새로운 사람이 되도록 도와줄게."(I know there's no normal to go back to. But I'm here to help you build a new one.)
- "네가 아파서 너무 마음이 아파. 하지만 인터넷에서 본 어떤 치료법을 권하고 싶지는 않아."(I'm so sorry you are sick. I want you to know that I will never try to sell you on some random treatment I read about on the internet.) [1]

상담을 하다 보면 슬프고 괴로운 일 자체보다 도와주길 기대했던 사람들의 말이나 행동 때문에 더 크고 깊고 오래가는 상처를 받은 경우들을 많이 접하게 된다. 극심한 고통을 호소하고 있는 사람에게 그가 어떤 잘못을 했고 어떤 책임이 있는지 들추어내는 것은 시의적절한 일이라고 할 수 없다. 지금은 먼저 반창고를 붙여주고 호~ 하고 따듯한 기운을 불어 넣어줄 때이다.

마음에 상처를 입어 공감을 받으려고 찾아간 사람으로부터 공감은커녕 같은 부위를 또 찔렸다면 처음보다 더 아플 것이다. 상대방이 매우 원망스럽고, '저 사람이 내 친구 맞나?' 싶은 마음도 들 것이다. 하지만 잘못 행동한 친구의 어리석음은 탓할 수 있겠지만, 이것이 곧 그가 내 친구가 아님을 증명하는 단서는 아니다.

안타깝게도 대부분의 우리는 위로하는 법을 잘 모른다. 아쉽고 서럽고 마음 아프지만 관계 자체를 싸잡아서 내팽개치지는 말자. 공감을 하려면 그 사람의 처지를 자신의 경우와 동일시할 수 있어야 하는데, 그러기 힘든 상황들이 많다.

공감하기를 어렵게 하거나 공감이 잘 일어나지 않는 여러 조건들이 있다. 예를 들어 갑자기 큰 성공을 이룬 사람에게는 공감이 일어나지 않는다고 한다. 자기가 한 잘못 때문에 누군가 고통을 겪고 있다면 공감 대신 죄책감을 느낄 것이다. 스스로 만든 고통을 겪고 있는 사람에게도 공감이 잘 일어나지 않는다. 또 승자에게도 공감이 되지 않는다. 상대방이 자기가 응원하는 같은 축구팀의 팬이 아니면 그에 대한 공감력이 떨어진다는 재미있는 연구도 있다.

그렇기 때문에 예일대학교 심리학자 폴 블룸Paul Bloom은 공감에 반대한다. 그 이유는 공감이 매우 선택적인 상황에서만 촉발되기 때문이다.(예를 들어 상대방이 귀엽고 예쁘거나, 나와 비슷하거나.) 그는 공감 대신 그보다 훨씬 더 포괄적인 마음인 '자비'와 '친절'을 베풀고자 하는 것이 더 낫다고 말한다.[2]

우리는 지금 공감에 목이 마르고 배가 주린 세상에 살고 있는 것 같다. 그렇다 보니 별 의미 없는 '토닥토닥' 정도의 표현에도 눈물이 나고, 공감을 못해주는 (대부분의) 사람을 만나면 너무나 속상해한다. 공감을 원하는데 해결책을 제시받고 화가 나기도 한다. 하지만 현실적으로 본다면 나에게 공감해 주지 않는다고 해서 그 사람이 꼭 나쁜 사람인 걸까? 우리가 바라는 그 공감이라는 것이 사실 너무나 어렵고 귀한 것이 아닐까 하는 생각이 들기도 한다. 공감을 받아보지 못한 사람은 공감을 줄 줄도 모른다. 공감을 못하는 사람이 넘쳐나는 사회에서 공감하기를 배우는 것도 쉽지 않다.

그러니 공감을 해주지 않는다고 상대방을 너무 미워하지도 말고, 또 반대로 자기가 공감을 잘 못해준다고 너무 괴로워하지도 말았으면 좋겠다. 그 대신 이 어렵고 귀한 것을 정말로 귀하게 여기고 대해보자. 공감을 해주는 친구를 만나면 고마워하고, 이 귀한 기술을 나도 습득해 보려고 노력하자. 그리고 찔린 데가 또 찔렸다면 당연히 많이 아프겠지만, 상대방이 누구냐에 따라서는 자신의 상처를 드러내 보이는 것도 찔린 데를 또 찔리지 않는 중요한 기술이 될 수 있다.

싸잡아 싸우지 않는다

싸울 때는 현재 싸우고 있는 주제 하나만 가지고 싸워야 한다. 이것은 누구나 아는 단순한 원칙이지만 지키기가 매우 어렵다. A 주제로 싸우고 있다면 그 주제만 가지고 싸워야 하는데, A 주제로 싸우다가 B 주제로 넘어가고, 다시 C, D 주제로 넘어간다. 그러다가 A, B, C, D 주제를 싸잡아 싸우기도 한다.

한 가지 주제로 싸우다가 다른 주제로 넘어가기 쉬운 이유 중의 하나는 자주 안 싸워서인 것 같다. 참고 참다가 한번 싸우기 시작하면, '그래, 너 잘 걸렸다' 하면서 마치 가둬놨던 봇물 터지듯 싸움판이 커지는 것이다. 작은 일이니 그냥 참고 넘어간 것 같지만 실은 속으로 상대방의 그런 행동이 그 사람 내면의 어떤 것(성격, 도덕 관념, 본질) 때문에 나온 것이라 여기고, 또 그것을 뒷받침할 증거들을 그동안 차곡차곡 쌓아왔기 때문일 수 있다.

법정에서는 유죄 판결을 받기 전에는 무죄로 추정해야 한다는 무죄 추정의 원칙이 있는데, 개인들의 싸움에서는 그 반대로 유죄 추정의 원칙이 있는 것 같다. 그래서 싸울 때 상대방의 잘못을 보여주는 증거를 하나 꺼내놓고 그것으로 상대방이 자신에게 죄를 지었음을 고백하라고 종용한다. 만약 그러지 않으면 그동안 모아놓은 증거를 다 늘어놓고 상대방에게 죄가 있음을 확증하고자 한다. 이것을 심리학에서는 '확증 편향confirmation bias'이라고 부른다.

"사람은 보고 싶은 것만 본다"는 말이 있듯이, 어떤 사람을 악인이라고 판단하고 나면 그 사람이 하는 수많은 행동들이 다 악인의 증거가 되고, 그 사람을 천사라고 믿으면 그 사람이 하는 수많은 행동들이 다 천사의 증거가 되는 것이다. 여러 증거들을 종합해서 그 사람이 어떻다고 결론을 내는 것이 아니라, 그 사람이 어떤 사람이라는 결론을 먼저 내고 그것을 입증할 증거를 찾아내는 아주 흔한 사고 패턴이 우리에게 있다.

예를 하나 들어보자. 위 내시경을 하러 부인이 병원에 갔는데, 데리러 오기로 한 남편이 제 시간이 오지 않자 벌어진 일이다.

부인: "아니, 어떻게 이렇게 중요한 날 늦어? 내가 오늘 병원에 가는 날이라는 거 잊었어? 마취를 하고 나면 혼자 운전해서 집에 올 수가 없으니 같이 가야 한다고 말했잖아?"

남편: "아, 정말 미안해. 중요한 미팅이 있었는데 아무리 해도 미팅이 제 시간에 끝나지 않는 거야. 그래도 마취를 하고 검사

에 들어가면 시간이 걸릴 테니까, 검사가 끝나는 시간에 맞추어 오려고 했지."

부인: "위 내시경 한다는 소리 못 들었어? 5분도 안 걸려. 내가 무슨 암 수술해? 수술실에 들어가서 전신 마취를 하는 것도 아닌데, 깰 때 맞춰서 온다고 해놓고 한 시간씩이나 늦어?"

남편: "아니, 내가 안 온 것도 아니고, 늦는다고 문자도 보냈는데 좀 쉬면서 기다리는 게 그렇게 힘들어?"

부인: "그래, 그렇지 뭐. 내가 위 내시경이 아니라 암 수술을 해도 자기는 아마 안 올걸? 저번에 어머니랑 만나기로 했을 때도 동창 만나고 있다고 우리를 밖에서 기다리게 했지?"

남편: "아니, 그 얘기는 왜 또 꺼내고 그래? 그건 이미 옛날에 끝난 얘기잖아?"

부인: "끝나기는 뭐가 끝나? 아니, 그런 일이 한두 번이야? 그때도 내가 꼭 와달라고 부탁했는데 안 왔잖아. 그게 무슨 말인 줄 알아? 당신은 남의 기분이나 상황은 전혀 고려하지 않고 자기 하고 싶은 대로만 하는 이기적인 인간이라는 말이야. 이유는 무슨 이유? 그냥 오기 싫은 거지! 저번에 이사할 때도 유리창 좀 미리 닦아놓으라고 하니까 약속 있다고 어디로 가버렸지? 당신은 그런 인간이야! 아니 귀찮은데, 어떻게 아침에 일어나서 일은 나가? 그냥 다 그만둬! 그만두라고!"

이 예에서 보면, 남편이 병원에 데리러 오지 않아서 화가 나고 섭섭한 부인이 남편을 공격하면서 과거에 남편이 필요할 때 나타나지 않은 일들을 예로 든다. 그리고 남편이 병원에 나타나지 않은 이유가 그가 이기적이기 때문이라고 판단하고 공격한다. 즉 A 행동으로 시작한 싸움이 A, B, C, D 행동에 대한 이야기로 넘어가고, 그 다음에는 더 이상 행동이나 사건에 대하여 싸우는 것이 아니라 남편이 이기적이라는 공격으로 넘어간다. 그리고 A, B, C, D는 남편이 "이기적이다"라는 자신의 주장을 뒷받침하는 증거로 채택된다. 행동 싸움에서 인격 싸움으로 옮겨간 것이다. 이것을 정리하면 다음과 같다.

A 행동은 B, C, D 행동과 같다.

A, B, C, D 행동은 이기심의 증거이다.

즉 그는 이기적이기 때문에 A, B, C, D 행동을 한다.

나는 A 행동 때문에 화가 나는 것이 아니라 그의 '이기적인' 인격 때문에 화가 난다.

설사 다른 행동을 한다 하더라고 저 사람이 이기적이라는 것에는 변함이 없다.

그러므로 저 사람은 구제불능이다!

이렇게 싸잡아서 싸우는 패턴은 한 가지 행동으로 인해 시작된 싸움이 인격을 두고 벌이는 싸움으로 번진다는 특징이 있는데, 이렇게 싸움이 인격 모독으로 넘어가면 회복하기 힘든 큰 싸움이 될 수 있다.(이에 대해서는 이 책 180쪽, '개싸움을 하지 않는다' 부분에서 자세히 다룰 것이다.)

이럴 때 어떻게 해야 점점 커지는 싸움의 진동을 멈추거나 거기에서 빠져나올 수 있을까? 일단 이런 싸움의 패턴이 시작될 때 어떤 일이 우리 머릿속에서 벌어지는지 살펴보자.

귀인 편향

사람들은 어떤 사건이 일어나면 그 사건의 원인을 다음 둘 중의 하나로 돌린다.

1. 그 사건이 일어난 원인을 '외적 요인' 또는 '환경적 요인'(날씨 등)으로 돌린다.
2. 그 사건이 일어난 원인을 '내적 요인' 또는 '기질적 요인'으로 돌린다.

우리는 보통 자신의 행동 원인에 대해서는 외적인 동기로 설명하고, 타인의 행동 원인에 대해서는 내적인 동기로 설명하는 습관이 있다. 예를 들어 내가 회의에 늦은 것은 차가 밀려서이고, 다른 사람이 늦은 것은 그가 게으른 인간이기 때문이라는 식이다. 이것이 바로 인지심리학에서 말하는 귀인歸因 편향attribution bias이다. 이러한 예는 너무나 많다. 또 다른 예를 들자면 내가 전화를 안 받는 것은 바빠서이고, 그가 전화를 안 받는 것은 타인에 대한 배려가 없기 때문이다. 또 급하게 차선을 바꾸는 이유가 나는 정말 급한 상황이기 때문이어서 그럴 수밖에 없지만, 다른 사람이 그러는 것은 공중도덕 따위는 안중에도 없는 개념 없는 사람이기 때문이라고 생각한다. 이런 편향은 너무나 흔해서 사회심리학에서는 이를 '근본적 귀인 오류fundamental attribution error(FAE)'라고 부른다. 당신도 '보통' 사람이라면 십중팔구 이렇게 할 것이다.

상대방의 행동 원인이 외적인 상황에 있다고 생각하면 그것을 알아내고 이해하는 데에는 노력이 필요하다. 하지만 그 사람의 행동 원인을 내적인 요인으로 해석할 때는 그런 노력이 필요 없다. 그냥 한번 척 보면 척 알 수 있다. 저 사람이 쓰레기통을 발로 찬 것이 그럴 만한 이유가 있다고 따져보는 것보다 분노 조절 장애가 있는 사람이기 때문이라고 생각하는 것이 훨씬 쉽다. 이런 빠른 판단은 우리로 하여금 그 사람의 동기와 행동이 실제보다 훨씬 더 일관성 있다고 믿게 만든다고 한다.

그렇다면 왜 이런 편향이 이렇게 일반적으로 일어나는 걸까?

학자들의 의견이 일치하지는 않지만, 다음의 설명이 매우 근접하지 않은가 싶다. 바로 콩을 심으면 콩이 나고 팥을 심으면 팥이 난다고 믿고 싶어 하는 우리의 성향 때문이라는 것이다. 바로 이 믿음의 성향을 최초로 이론화한 것이 멜빈 러너Melvin Lerner의 '공정한 세상 가설Just-world hypothesis'이다. 이 이론에 따르면 사람들은 세상이 공평하고 누구나 마땅히 얻어야 될 것을 얻으며 그들이 얻은 것은 그만한 이유가 있어서라고 믿고 싶어 한다는 것이다.

1960년대에 멜빈 러너는 캐럴린 시먼스Carolyn Simmons와 함께 공정성에 대한 논란이 많은 실험을 진행했다. 피실험자들이 모니터를 통해서 한 여성이 전기 충격을 받는 장면을 본다.(이것은 실제가 아니라 배우의 연기였다.) 하지만 그 여자는 전기 충격을 받아 마땅할 어떤 잘못도 하지 않았고, 따라서 부당한 고통을 받고 있었다. 사람들은 그 여자를 도와주고자 했으나 도울 수가 없었다. 그러자 사람들은 그 여자가 스스로 고통을 선택했다거나 그 여자의 성격이나 기질에 문제가 있어서 그런 고통을 받는다고 생각하기 시작했다.

이 연구는 사람들이 어떤 결과를 보고 그것이 좋은 것이건 나쁜 것이건 공정한 세상에서는 사람들이 마땅히 받아야 하는 것을 받는다는 믿음을 갖고 있음을 밝혀냈다. 이 가설은 처음에는 논란이 많았지만, 그 후 후속 연구들이 이어지면서 지금은 정설로 받아들여지고 있다. 후속 연구들에서 밝혀진 것 중 한 가지는 사람들이 세상이 공평하다고 믿으면 믿을수록 가난한 사람이나 사회에서 차별받는 사람에 대하여 부정적인 견해를 갖기 쉽고, 사회의 불평등을 고치려고 노력하거나 사회적 약자를 도우려 하지 않는다는 것이다.[3]

이 믿음 뒤에는 우리는 이 세상을 공정하고 예측 가능하다고 생각하고, 그렇기 때문에 우리의 삶을 통제할 수 있다고 믿고 싶어 하는 마음이 있다. 이 믿음이 있으면 세상을 살면서 원인과 결과를 쉽게 연결할 수 있는 원칙이 생기고(예컨대 "공부를 열심히 하면 훌륭한 사람이 된다") 불행한 결과에 대해서도 쉽게 납득할 만한 의미를 부여할 수 있게 된다.("저 사람이 망한 것은 그의 부모가 죄를 지어서 그래.")

이와 동시에 공정한 세상 가설은 다른 사람들이 겪는 비극적인 사건을 보면서 자신은 그런 사건을 겪지 않을 거라고 스스로에게 확신을 주기 위해서 그 사건의 피해자들을 비난하는 경향도 설명해 준다. 사람들은 심지어 피해자들의 운명이나 '업業' 혹은 '전생'의 잘못을 언급해 가면서까지 그들이 처한 부정적 결과를 정당화하기도 한다.

얼마 전에 텔레비전의 한 아침 프로그램을 보다가 그날의 이야기 주제에 대해 패널이나 시청자들이 보인 반응에 놀란 일이 있다. 그날의 이야기 주제는 '분노 범죄'에 대한 것이었는데, 전문가들을 초대해서 패널들과 이야기를 나누고 있었다. 마침 그 무렵은 '묻지마 범죄'와 정신병 환자들의 폭력 사건에 대한 경각심이 사회적으로 매우 높은 때였다. 이러한 범죄에 대한 처벌을 강화해야 하는지 아닌지를 놓고 토론하는 자리였는데, 참석자들은 이러한 범죄를 사회의 문제로 보는 쪽과 개인의 문제로 보는 쪽으로 견해가 나뉘어 있었다.

전문가 패널은 이 문제를 사회의 문제로 보아야 한다면서 법적인 형량을 강화할 것이 아니라 치료를 해야 한다고 입을 모았고, 탤런트와 가수로 이루어진 패널은 법의 처벌을 강화하고 정신질환자들을 강제 입원시켜야 한다고 소리 높여 말했다. 그런데 이보다 더 놀란 것은 이 질문에 대하여 시청자 문자 투표 결과 무려 90퍼센트가 넘는 사람들이 처벌을 강화해야 한다는 의견을 보낸 점이다.[4] 지금 다시 생각해 보니 대다수의 투표 참여자들이 왜 그렇게 생각을 했는지 좀 알 것도 같다. 이것이 사회 일반의 문제가 아니라 개개인의 문제여야 자신에게는 해당하지 않는 일이 될 수 있고, 또 문제를 일으키는 개인들이 격리되어야 자신들이 사는 사회가 계속해서 예측 가능하고 어느 정도 공정성도 유지되며 안전할 수도 있을 테니 말이다.

이런 귀인 편향에서 벗어나기 위해 어쩌면 우리는 뉴스를 보기보다 소설을 더 많이 읽을 필요가 있을지도 모르겠다. 소설을 읽어나가다 보면 주인공이 우리가 처음에 예상한 것과는 다른 동기나 배경을 지닌 인물임을 알게 되는 경우가 많기 때문이다. 나는 요즘 얀 마텔의 《포르투갈의 높은 산》이라는 소설을 읽고 있는데, 거기에 보면 거꾸로 걷는 주인공이 나온다. 주인공이 어떻게 해서 거꾸로 걷게 되었는지, 거꾸로 걷던 주인공이 차를 타고 여행을 떠나는 이유가 뭔지, 그 여행을 하면서 어떤 모험을 하는지가 한 장 한 장 차례로 전개된다. 이런 식의 이야기 전개는 비단 이 소설만의 특징이 아니다. 어떤 소설이건 펼치면 대개 처음에는 그 행동이 이해가 잘 안 되는 주인공이 나오고는 한다. 대부분 평범한 사람은 아니다. 살인범이나 납치범일 때도 있고, 평범한 줄 알았는데 비밀이 있는 사람일 때도 있다. 그런데 소설은 그 사람이 어떤 상황에 놓여 있었고 왜 그런 행동을 할 수밖에 없었는지를 하나씩 천천히 풀어나간다. 그러다가 이윽고 우리도 그 상황이라면 그렇게 할 수 있겠구나 하는 공감을 독자로부터 끌어낸다. 우리는 자칫 귀인 편향처럼 자기에게 유리한 입장에서 주인공의 행위를 일반화하기 쉬운데, 소설은 이처럼 우리가 미처 알 수 없는 사실을 하나씩 보여줌으로써 우리가 아는 것이 다가 아님을 밝힌다.

만약 우리가 소설의 주인공을 알아가듯 다른 사람도 대한다면, 몇 가지 행동만 봐서는 그 사람이 왜 그런 행동을 했는지 알 수 없겠구나 하는 겸손한 마음을 갖게 될 것이다. 더군다나 우리에게는 소설가 같은 전지전능한 시선이 없으므로 상대방에 대해 완전하게 안다는 건 근본적으로 불가능하다.

우리는 어떤 일이 인과 관계가 분명해질 때 안심을 하고 그 일을 받아들인다. 콩 심은데 콩 나고 팥 심은데 팥이 나야 세상이 예측가능하다. 그러나 세상에는 인과 관계가 분명하지 않은 일투성이다. 현실에서는 착한 사람이 다 잘되는 것도 아니고, 나쁜 사람이 다 처벌을 받는 것도 아니다. 돈이 많아야 행복한 것도 아니고, 예쁘고 잘생겨야 연애를 잘하는 것도 아니다. 세상이 인과 법칙에 따라 작용한다는 단순한 믿음이 어떤 목표를 향해 나아가고자 할 때 커다란 동기부여가 되기도 하지만, 인생을 살다 보면 이처럼 매사가 꼭 인과 법칙대로 작동하지 않는다는 사실을 경험하고 허망해질 때가 많다.

지금껏 본 것처럼 우리가 확실하다고 믿는 많은 것들은 귀인 편향이나 인과 법칙에 대한 단순한 믿음 같은 우리의 인식 방식이 만들어낸 허구일 가능성이 크다. 따라서 혹시라도 타인을 판단함에 있어서 우리가 귀인 편향에 빠져 판단하는 것은 아닌지 잘 살펴볼 필요가 있다. 만약 귀인 편향에 빠졌을지 모른다는 의심이

든다면 여기에서 벗어나도록 도와줄 명언이 있다. "친절하게 대하세요. 그 사람은 당신이 전혀 모르는 전쟁을 치르고 있습니다."(Be kind, for everyone you meet is fighting a battle you know nothing about.) 우리는 아무리 가까운 사람이라고 하더라도, 그 사람이 어떤 경험을 하고 있는지 결코 다 알 수 없다.

상대방이 A 주제로 시작해서 A→B→C→D 주제로 넘어가고 있다면

싸움은 반응에 반응하고 거기에 다시 반응을 하면서 점점 커지고는 한다. 그러다 보면 처음에는 나뭇가지로 살짝살짝 긁는 정도이던 것이 어느새 날선 진검을 가지고 승부를 벌이고 있는 경우가 많다. 그런데 싸움이란 두 사람이 함께 박자를 맞추고 춤을 추는 것과 같아서 둘 중 한 사람이라도 그 춤을 멈출 수 있다면 그렇게까지 싸움이 증폭되지는 않는다.

하지만 일단 두 사람이 맞붙어 함께 춤을 추기 시작하면 이를 멈추게 하기가 쉽지 않다. 그러므로 최선의 방법은 싸움이 더 번지지 않도록 예방하는 것인데, 둘 중 한 사람이 A→B→C→D로 넘어가거나 A, B, C, D를 싸잡아서 공격할 때 서로 그렇게 하고 있음을 알려주기로 미리 합의하는 것이다. 야구 경기에서 투수와 포수가 손 사인을 교환하는 것처럼, 미리 약속한 말이나 사인을 주고받는 식이다. 싸움이 번지려는 순간 짧지만 따뜻하게 손을 잡으면 이는 "우리 다른 주제로 넘어가고 있는데 그러지 말자"라는 뜻이라거나, "우리 여기까지만 이야기하자"라는 의미라고 미리 정해놓으면 어떨까? 여기서 핵심은 '따뜻하게'이다. 그런 것 없이 "그만해, 여기까지!"라고 차갑게 말했다가는 오히려 기분이 더 상할 수 있다.

한 가지 문제로 싸우다가 다른 문제로 싸움이 번지는 이유는 처음의 그 문제가 제대로 소통되지 않았기 때문일 가능성이 크다. 그러므로 처음 문제에만 집중해서 반응한다면 다른 문제로 번지는 것을 어느 정도 줄일 수 있을 것이다. 침묵이나 무시는 싸움을 크게 번지도록 만드는 데 큰 공헌을 한다. 사람들이 화를 내거나 목소리를 높여 말하는 것은 어쩌면 제발 내 말을 좀 들어달라는 간청이거나 상대방이 내 말을 들었다는 걸 못 믿겠다는 표현일 수 있다.

그러니 먼저 그 사람의 이야기를 잘 듣자. 끝까지 듣지 않고 무턱대고 미안하다거나 잘못했다고 하지도 말자. 싸잡아서 공격하는 것만큼 싸움에 도움이 안 되는 것이 싸잡아서 사과하는 행동이다. 그 대신 'A→B→C→D'라고 말하는 사람에게 'A, A, A, A'라고 정성을 들여 반응하도록 하자. 쉽지는 않겠지만, 같은 이야기를 반복해서 듣는 것보다 한 번 제대로 듣는 것이 나을 것이다.

싸잡아서 하는 공격을 당했다면 매우 억울한 마음이 들 것이다. 내가 매번 어떤 잘못된 행동을 한 것도 아닌데 늘 그랬다고 상대방이 공격해 오면, 나는 매번 그러지 않았다는 것을 증명하고 싶어질 것이다. 그러다 보면 싸움의 본질이 흐려지고, 내가 그 문제 행동을 정말 매번 했는지 아니면 어쩌다 한 번 했는지를 가지고 싸우게 된다.

우리는 감정적인 사건과 관련해 몇 차례나 그런 일이 있었는지 잘 기억하지 못한다. 어쩌면 객관적인 기억이란 것 자체가 우리에게 존재하지 않는지도 모른다. 그러니 데이터의 정확도를 가지고 싸우는 것은 매우 소모적인 일이다. 그 대신 그가 하는 '싸잡아서 공격하는' 것이 나도 매우 자주 하는 것임을 알아차리자.

여기에서 잠깐 지금까지 나온 심리학적 개념들을 정리하고 넘어가자.

- 확증 편향: 너는 이런 사람이기 때문에 이러이러하게 행동한다고 생각하는 것. 예를 들어 "너는 타인에 대해 배려가 없는 사람이기 때문에 설거지를 안 하는 거야."
- 일반화의 오류: 한 번 그랬는데 늘 그랬다고 확대 해석하는 것. 예를 들어 한 번 나에게 거짓말을 했다면 평생 거

짓말을 할 사람이라고 생각하는 것.

- 귀인 편향: 다른 사람들의 행동은 내적인 요인으로, 자신의 행동은 외적인 요인으로 설명하는 것. 예를 들어 "내가 늦은 것은 차가 밀렸기 때문이고, 네가 늦은 것은 내 시간을 중요하게 생각하지 않아서야."

이런 편향과 오류는 단지 나와 싸우고 있는 상대방만 범하는 것이 아니다. 우리는 거의 모두 이 오류를 범한다고 볼 수 있다. 최근의 한 조사 연구에 따르면 한국 사람들 가운데 무려 90퍼센트가 확증 편향이나 귀인 편향 등의 인지적 오류 습관을 가지고 있다고 한다. 2017년 2월 17일 한국보건사회연구원에서 발표한 〈한국 국민의 건강 행태와 정신적 습관의 현황과 정책대응〉이라는 보고서가 바로 그것인데, '인지적 오류' 영역에 해당하는 5개 항목(1. 임의적 추론: 어떤 일을 결정할 때 사람들이 내 의견을 묻지 않는다면 그것은 나를 무시하는 것이라고 생각한다. 2. 선택적 추상화: 나는 하나를 보면 전체를 알 수 있다고 생각한다. 3. 개인화: 내가 다가가자 사람들이 하고 있던 얘기를 멈춘다면 나에 대한 안 좋은 얘기를 하고 있었음이 틀림없다고 생각한다. 4. 이분법적 사고: 세상의 모든 일은 옳고 그름으로 나누어진다고 생각한다. 5. 파국화: 나는 어떤 일이 일어날 때 최악의 상황을 먼저 생각한다) 중 1개 이상에 대해 '그런 습관이 있다'고 답한 사람의 비율이 90.9퍼센트로 나타난 것이다.

그러니 상대방의 인지적 오류를 바로 고치려 들거나 지적하려고 하지 말자. 나중에 편안한 상태일 때 이런 편향이나 인지적 오류에 대하여 함께 공부해 보자고 하자. 이런 종류의 앎은 자연스럽게 습득할 수 있는 것이 아니다. 배워야 알 수 있다.

꼬투리를 잡고
싸우지 않는다

싸울 때 자주 나타나는 또 한 가지 유형은 이야기 전체가 아니라 그 안의 세부적인 내용에 초점을 맞춰 반응하는 것이다. A라는 큰 이야기를 하고 있는데 그 안에 있는 작은 a, b, c, d 중 하나에 반응해서 욱하고 공격하거나 방어하는 것으로, 이 또한 매우 흔한 싸움의 유형이다. 이럴 때는 상대방이 "지금 내 얘기가 그게 아니잖아!" 또는 "지금 그 얘기를 하고 있는 게 아니잖아!"라고 항의하겠지만, 문제가 되는 표현이나 말을 한 것은 사실이므로 그런 항의가 싸움을 멈추게 할 만한 브레이크가 되지는 못한다.

우리는 싸울 때 상대방의 이야기를 듣는 능력이 크게 줄어든다. 전체 이야기를 듣기보다는 자신을 욱하게 하는 어떤 단어나 표현에만 초점을 맞추고 반응하게 되는 것이다. 대화로 문제를 잘 풀려고 했더라도 이런 반응에 부딪치다 보면 대화가 이상한 데로 흐를 수밖에 없다. 이처럼 대화가 길을 잃은 상황에서 욱하고 감정이 일게 되면 애매한 지점에서 싸움이 터지고, 싸움이 멎더라도 소통이나 이해를 얻기는커녕 어쩌다가 이렇게 되었는지 몰라 당황스러울 때가 많다. 예를 들면 이런 식이다.

"네가 원해서 여행을 온 거잖아."

"뭐? 그럼 넌 원하지 않는 걸 내가 억지로 여행 가자고 했다는 거야?"

"아니, 내가 오기 싫었다는 것이 아니고, 네가 여행을 하도 원하니까 무리를 해서라도 따라온 거라고."

"따라온 거라고? 네가 언제부터 내가 하자는 대로 했다고 그래? 늘 자기가 하고 싶은 대로 하면서. 왜 내가 직장에서 짤리고 우울해하고 있으니 찌질하고 불쌍해 보여서 봐준 거야?"

"봐준 게 아니고, 네가 원하는 여행을 같이 하고 싶었던 거라고……"

"아니 왜 말을 바꿔? 오고 싶지 않았는데 나 때문에 억지로 온 거라며!"

"아니, 그게 아니고!"

싸울 때 전체가 아닌 디테일에 반응하는 것은 우리가 화가 나면 전체보다는 부분에 초점을 맞추는 방향으로 몸이 변화하기 때문인 것 같다. 예를 들어 화가 나면 근육에 힘이 들어가고 소화 작용처럼 당장 필요하지 않은 기관의 작용이 멈추는 동시에 미간이 좁아지고 동공이 작아지는데, 이로 인해 우리 눈에 포커스가 생기고 세세한 것에 초점을 맞추게 된다.(이와 반대로 행복한 순간에는 동공이 넓어지고 초점이 희미해져서 다 예뻐 보이고 사랑스러워 보인다.) 그렇다 보니 기분이 좋을 때는 상대방이 무슨 말을 해도 그냥 넘어가지만, 화가 난 상태에서는 마음에 들지 않는 단어 하나, 미세한 움직임 하나하나가 다 눈에 들어온다.

그러니 눈에서 힘을 빼자. 눈에서 힘을 뺌과 동시에 마음이 풀어지는 느낌이 들 것이다. 단어 하나하나, 단어들 사이의 공백 하나하나에 집중하는 대신 눈의 포커스를 희미하게 해서 전체를 보려고 노력하자. 즉각적인 몸의 생리적 반응을 막을 수는 없겠지만 그 반응을 이어갈지 말지는 우리가 선택할 수 있다. 그 사람의 못난 마음에 초점을 맞출 수도 있고, 그 사람의 더욱 근본적인 욕구에 초점을 맞출 수도 있다. 우리는 상대방의 비판에 초점을 맞추어 자신을 방어하며 싸울 수도 있고, 상대방이 진심으로 원하는 욕구에 초점을 맞추어 이해와 평화를 이룰 수도 있다. 그런가 하면 상대방이 미처 말하지 않았지만 속으로 하고자 하는 말에 초점을 맞추어 그 사람의 속마음을 이해해 줄 수도 있다. 또는 초점을 아주 크게 넓혀서 전체적인 맥락을 볼 수도 있다. 하지만 이것은 정신을 차리고 넓게 볼 때에만 가능한 일이다.

알랭 드 보통은 상대방이 뭔가 잘못했을 때 그를 어른이 아니라 '아이'라고 생각하고 바라보라고 조언한다. 우리는 아이가 잘못된 행동을 할 때 어떤 의도를 가지고 그렇게 한다고 생각하지 않는다. 아이가 접시를 깼다고 해서 엄마를 골탕 먹이려고 일부러 깼다고 생각하지 않는 것처럼, 상대방의 행동이 나를 해코지하기 위해서 일부러 한 행동이라거나 성격이 못된 증거라는 식으로 생각하지 말라는 것이다. 우리가 아이들의 실수를 친절과 관용으로 대하는 것처럼("아이고, 우리 아기 접시를 깼쪄요. 얼마나 놀랐겠어. 괜찮아. 엄마가 안아줄게") 상대방에게도 친절과 관용을 베풀라고 그는 제안한다.

상대방이 핵심이 아닌 꼬투리를 잡고 늘어질 때

얼마 전 〈왕이 된 남자〉라는 드라마를 재미있게 보았다. 이 드라마의 거의 마지막 부분에서 무척 인상적인 대사가 나왔다. 본래 광대였던 주인공이 자신과 똑같은 얼굴을 한 왕을 대신해 백성을 이롭게 하는 정치를 펼쳤다. 그런데 광대가 왕 노릇하고 있다는 사실을 알았지만 심증만 있지 물증이 없던 대비마마는 주인공을 바라보고 독으로 가득 찬 말을 퍼붓는다.

"이 광대 놈아, 네가 왕 놀이를 열심히 하더니 진짜 왕이라도 된 줄 아나 보지? 이 천한 것이 어디서?"

그러나 주인공은 대비마마가 공격하는 지점, 즉 자신이 광대인지 아닌지 하는 데는 반응하지 않고 그 대신 대비마마의 다른 논점, 즉 혈통으로 신분의 귀천을 가르는 논점에 반박을 가한다.

"누가 귀하고 누가 천하다 말이오! 천하고 귀함은 하늘이 내려주는 것이라는 걸 몰랐소?"

실제로 광대가 왕이 되었다면 과연 그렇게 말할 수 있었을까 싶기는 하지만, 적어도 드라마에서는 주인공이 대비마마의 '천한 놈'이라는 표현에 반응하지 않는다. 그것에 대해서는 인정도 부정도 하지 않고, 그 대신 귀함과 천함을 혈통으로만 나누는 논리를 반박한다. 혈통을 가지고 공격을 하는데 왕의 본질이 무엇인지를 묻고 있는 것이다.

두 해 전 서울대 정치외교학부의 김영민 교수가 쓴 〈'추석이란 무엇인가' 되물어라〉라는 제목의 신문 칼럼이 SNS상에서 크게 회자되었다. 사람들이 신문을 잘 읽지 않고, 더욱이나 신문 칼럼은 잘 읽지 않는 요즘 세상에서 이례적인 일이었다. 다음은 그 글의 일부이다.

"추석을 맞아 모여든 친척들은 늘 그러했던 것처럼 당신의 근황에 과도한 관심을 가질 것이다. 취직은 했는지, 결혼할 계획은 있는지, 아이는 언제 낳을 것인지, 살은 언제 뺄 것인지 등등…… '그런 질문은 집어치워 주시죠'라는 시선을 보냈는 데도 불구하고 친척이 명절을 핑계로 집요하게 당신의 인생에 대해 캐물어온다면, 그들이 평소에 직면하지 않았을 근본적인 질문을 던지는 게 좋다.

당숙이 '너 언제 취직할 거니?'라고 물으면, '곧 하겠죠 뭐'라고 얼버무리지 말고 '당숙이란 무엇인가?'라고 대답하라. '추석 때라서 일부러 물어보는 거란다'라고 하거든, '추석이란 무엇인가?'라고 대답하라. 엄마가 '너 대체 결혼할 거니 말 거니?'라고 물으면, '결혼이란 무엇인가?'라고 대답하라. 거기에 대해 '얘가 미쳤나?'라고 말하면, '제정신이란 무엇인가?'라고 대답하라. 아버지가 '손주라도 한 명 안겨다오'라고 하거든 '후손이란 무엇인가?', '늘그막에 외로워서 그런단다'라고 하거든 '외로움이란 무엇인가?', '가족끼리 이런 이야기도 못하니?'라고 하거든 '가족이란 무엇인가?'라고 대답하라. 정체성에 관련된 이러한 대화들은 신성한 주문이 되어 해묵은 잡귀와 같은 오지랖들을 내쫓고 당신에게 자유를 선사할 것이다."[5]

명절이면 가족친지로부터 받던 결혼이나 취직 등을 압박하는 질문에서 벗어나기 위해서 본질을 물으라는 조언이다. 많은 사람들이 농담인지 진담인지 모를 이 글에서 일종의 쾌감을 느꼈다. 추석에 식구들이 모인 자리에서 "가족이란 무엇인가?"라고 물을 수야 없겠지만, 누군가 핵심이 아니라 나의 말 하나를 붙잡고 늘어지고 있다면, 우리가 하는 싸움이나 갈등의 본질이 무엇인지를 물어볼 필요가 있다고 생각한다.

인간의 눈과 생각은 공통점이 많은데 그중 하나는 초점을 아주 빠르게 바꿀 수 있다는 점이다. 인간은 매처럼 멀리 있는 것을 보지는 못하지만, 먼 데서 가까운 데로 혹은 그 반대로 초점을 바꾸는 능력은 지구상 어떤 동물보다도 뛰어나다. 생각도 마찬가지여서, 좁게 생각하다가 순식간에 넓게 생각할 수 있으며, 표면에서 심층이나 본질로 생각을 전환하는 것 역시 아주 빠르게 할 수 있다. 인간이 갖고 있는 이러한 강점을 잘 살려보자. 그래서 상대방이 핵심이 아닌 꼬투리를 잡고 늘어질 때 서로를 찌르는 무기를 내려놓고 이렇게 물어보자. "이 싸움의 본질이 무엇인가?"

개싸움을 하지 않는다

싸움이 개싸움으로 번지는 데는 많은 기술이나 시간이 들지 않는다. 사건이나 행동에 대해 문제를 제기하는 것이 아니라 상대방의 인격이나 상대방이 속해 있는 집단을 모욕하면 된다. 개싸움의 가장 큰 특징은 속도감 있는 전개여서, 정신 차리지 않으면 돌이킬 수 없는 일이 생기고는 한다. 그러니 싸우더라도 절대 개싸움만은 하지 않겠다고 스스로에게 약속하자. 개싸움을 하지 않기 위해서, 또는 자신이 하고 있는 싸움이 개싸움인지 아닌지 알기 위해서라도 개싸움의 메커니즘을 알아둘 필요가 있다.

나중에 돌이켜보면 그냥 욱해서 그랬다고 생각할지 모르지만, 이러한 춤사위에는 작은 것에서 큰 것으로 펼쳐지는 나름의 메커니즘이 있다. 그리고 이 메커니즘은 순식간에 진행이 되는 것 같지만, '비판→인격에 대한 비난→비아냥 또는 경멸→존재 자체나 신념에 대한 공격→존재의 바탕에 대한 공격'이라는 일련의 과정을 고스란히 거친다. 그냥 욱하는 정도가 아닌 것이다. 이 과정을 정리하면 이렇다.

1. 어떤 사건이 있다.

2. 그 사건에 대해 화가 난다.
3. 화를 낸다. 처음에는 그 사건에 대한 행동/태도/반응 등이 잘못되었다고 비판을 한다.
4. 상대방이 인정하지 않으면 항의로 옮겨간다. "어떻게 그럴 수 있느냐?"라고 따진다.
5. 그런데 상대방이 별 반응이 없거나 "내가 뭘 잘못했는데?"라며 반격한다.
6. 사건이 아니라 상대방의 인격을 공격한다. 예를 들어 "네가 그렇지 뭐. 너 같은 인간이 뭘 알겠어?"
7. 이런 공격에도 상대방이 항복하지 않거나 분이 풀리지 않으면 수위를 한 단계 높인다. 예를 들어 "하하, 내가 잘못 생각했네. 너같이 못 배운 인간이 뭘 알겠어?"라며 그 사람의 존재 자체에 대한 비아냥, 비웃음, 경멸을 담은 표현을 내뱉는다.
8. 이걸로도 분이 안 풀리면 이제 한 발짝 더 나아간다. 그 사람이 가지고 있는 신념이나 그 사람의 부모, 인종 등을 욕한다. 이를테면 "네 엄마가 얼마나 이상한 여자인지 알지? 그래서 네가 그런 거야!"라는 식이다. 태어나기를 잘못 태어나서 아예 회복이나 구원의 가능성이 전혀 없는 사람이 되어버린다.

나는 미국의 청소년거주치료센터에서 미술치료사로 일을 했었다. 폭력 사건으로 법을 어겼는데 정신적인 문제가 있다고 판단된 아이들이 감옥에 가는 대신 치료를 받으러 오는 곳이었다. 폭력적이면서도 심리적으로는 연약한 아이들이 모여 사는 곳이다 보니 폭력 사건이 끊이지 않았다. 그래서 무기가 될 만한 것은 갖고 있지 못하게 철저하게 금지를 하고 수시로 방을 검사하기도 하지만, 그럼에도 불구하고 미술 시간에 쓰는 가위를 들고 서로를 죽이려고 달려들거나, 할퀴거나, 물어서 살점을 뜯거나, 기물을 던지거나 하는 싸움이 거의 매일 벌어졌다. 그리고 가장 심한 폭력 전에는 결정적인 한 마디가 있고는 했다.

"니네 엄마 창녀지?"

이런 말을 들으면 상대방 아이는 죽일 듯이 덤볐다. 이러다가 실제로 다치는 일이 많기 때문에, 이런 상황이 벌어지면 모든 스태프는 하던 일을 멈추고 정해진 프로토콜에 따라 아주 빠르게 대응한다. 스피커를 통해서 '코드 레드' 알람이 울리면 사람들이 몰려와서 몸으로 아이들을 뜯어말린다. 두 명이 한 조가 되어 아이의 팔을 뒤로 묶고 땅에 쓰러뜨린 뒤 진정이 될 때까지 온 힘을 다하여 누른다. 나도 몇 번 그렇게 할 수밖에 없었는데, 맹수처럼 소리를 지르고 온몸으로 발버둥치는 청소년을 누르고 있자면 그의 분노, 두려움, 공허함, 절박함 등 모든 감정이 몸을 통해서 나에게까지 파동으로 전달된다. 모두에게 끔찍한 경험이다.

싸움을 하다가 칼부림이 일어나서 사람이 죽기도 하는데, 살인의 원인이 원한이나 강도나 정당방위도 있지만 때로는 무시를 당한 것이 그 이유가 되기도 한다. 폭력을 두둔하는 것은 아니지만, 어떤 말은 그 말을 한 상대방을 죽이고 싶을 정도로 자기 안의 깊은 급소에 칼이 되어 꽂히기도 한다. 아무리 심하게 싸우고 있더라도 해서는 안 되는 막말이 있다. 그 사람의 존재, 신념, 그리고 그 사람의 가족과 그 사람이 속해 있는 집단을 경멸하는 말이 바로 그것이다.

나는 개싸움은 해본 적이 없다고 생각하면서 이 글을 쓰고 있다가, '안 하기는……' 하고 마음에서 한숨같이 스치는 소리를 들었다. 가슴에 손을 얹고 생각해 보았다. 나는 개싸움을 한 적이 없지 않았다. 사실 이런 깨달음은 이 책을 쓰면서 수도 없이 반복되는 중이다. 나는 그런 적이 없다고 생각하고, 타인들의 이야기를 조사하고 연구한 것을 바탕으로 글을 쓰기 시작했는데, 나도 그랬던 것들이 기억나서 뜨끔하기도 하고 미안한 마음이 들기도 했다. 입 밖으로 내보내지는 않았지만 '고마워할 줄 모르는 인간은 상종을 말아야 해. 구제불능이야'라고 생각했던 적도 있고, '그래 너 혼자 지껄여라. 나는 너를 투명인간으로 취급하니까 아무렇지도 않다'라며 상대방을 상대할 가치도 없는 인간이라고 여겼던 적도 있다.

내가 그런 생각을 하고 있을 때 나의 말이나 행동이나 태도나 표정이 상대방의 화난 마음에 기름을 끼얹는다는 점을 염두에 두었던가? 상대방의 화를 달래줘야 한다고 생각했던가? 아니다. 그 순간 나는 화가 나 있는 사람의 마음을 듣거나 달래려는 생각이 들지 않았다. 나는 그 화에 책임이 없다고 느꼈다. 그래서 상대방으로 하여금 외롭게 혼자서 싸우게 하고는 했다. 그것을 지금에야 깨달으니 너무나 부끄럽고 미안하다.

개싸움을 하고 있다면

일종의 취미 활동이라고 할까? 나는 싸움을 말릴 기회를 호시탐탐 노린다. 가끔씩 길을 지나다가 가게 직원이 진상손님과 실랑이를 하고 있거나, 길거리에서 두 사람이 말다툼을 하고 있거나 할 때, 거기에 끼어들어 싸움을 말리거나 진정시킬 기회를 노리는 것이다. 얼마 전 술에 취해 난동을 부리려는 지하철 승객을 껴안아서 경찰과의 충돌을 막은 한 청년의 동영상이 화제가 된 적이 있다. 나는 이 동영상을 보며 어느 순간에 그 청년이 개입하고 어떤 각도로 어떻게 승객을 안았는지 벤치마킹 차원에서 유심히 분석하며 보았다.

몇 년 전 분식집에서 순두부찌개를 먹고 있었는데 분식집 한쪽에서 큰소리가 났다. 손님으로 보이는 육십대 정도의 아저씨와 알바로 보이는 청년 사이에 싸움이 붙은 것이다. 아저씨는 청년에게 삿대질을 하며 소리를 지르고, 짜증이 엄청 난 알바 청년은 얼굴이 벌개져서는 뒷목을 잡고 고개를 뒤로 젖혔다. 그러곤 옆에 있는 다른 알바 청년에게 "경찰 불러"라고 하자, 아저씨가 앞에 있는 테이블을 들어 패대기칠 기세다. 전화기를 들어 경찰을 부르기 바로 전, 내가 먹던 숟가락을 땅! 하고 내려놓고 마침 그 상황과 딱 어울리는 빨간색 바바리코트 깃을 세우며 벌떡 일어나서 싸움판으로 갔다. 그리고 아저씨를 향해서 최대한 부드러운 강아지 눈을 뜨고 공손하게 물었다.

"무슨 일이세요? 이 청년들이 아저씨를 무시했나요?"

그 아저씨는 갑작스런 외부 사람의 출현에 잠깐 멈칫하더니 금세 내 쪽으로 몸을 돌려 자기가 지금 얼마나 억울한 일을 겪고 있었는지 설명하기 시작했다. 그 청년들이 아저씨의 차림새가 지저분하고 술 냄새가 난다며 주문을 안 받고 나가라고 했다는 것이다.

"아, 진짜요? 그래서 그렇게 화가 나셨군요. 맞아요, 그러면 화가 날 수 있죠."

그러자 아저씨는 그 청년들을 한번 째려보고는 다른 말 없이 그곳을 나갔다. 상황이 종료되는 데 2분이나 걸렸을까? 순두부찌개가 식기도 전에 끝.

그 일 말고도 나는 주차장에서 주차 안내요원하고 싸우는 사람을 말린 적도 있고, 마을 이장 나오라며 고래고래 소리를 지르는 동네에서 유명한 술주정꾼의 화를 잠재운 적도 있다. 적절한 말 몇 마디로 급한 불을 끈다. 그래서 불이 꺼지면서 무안해진 그 사람이 자리를 피할 뒷문을 열어준다.

나는 먼저 "화가 나셨네요"라고 말을 건다. 화가 난 사람에게 하나마나한 당연한 말 같지만 이 말은 내가 당신이 화가 난 것을 본다, 즉 당신이 투명인간이 아니라는 선언이다. 그 다음에 "무슨 일이 있었나요?" 하고 묻는다. 그렇게 그 사람에게 자신이 왜 화가 났는지 해명할 기회를 준다. 그 다음에 하는 말은 "아, 그러면 화날 만한 상황이네요"이다. 그 사람의 화를 인정해 주는 것이다.

이것은 그 상황을 객관적으로 판단해서 하는 말들이 아니다. 지나가던 사람으로서 나는 그 상황이 어떤지 자세히 모른다. 하지만 화를 진정시키는 것이 핵심일 때 중요한 것은 객관적인 사실이 아니라 화가 나 있는 당사자가 느끼는 주관적인 감정이다. 사람은 화가 나 있을 때, 자신의 감정이 받아들여지기는커녕 그 화가 정당한 이유나 근거가 없어서 말도 안 된다는 취급을 받을 때 더 화가 난다. 화가 머리 꼭대기까지 난 사람을 진정시키려면 다음의 네 가지 메시지를 전달할 필요가 있다.

1. 나는 당신의 화를 봅니다.
2. 당신이 화가 난 것은 그럴 만한 이유가 있었을 것이므로 그 이유를 듣고 싶습니다.
3. 당신의 화를 인정합니다.
4. 그리고 나는 증인으로서 이 상황을 보았으니 이제 가셔도 됩니다.

이것은 우리가 어렸을 때 부모에게 바라던 것과 똑같다. 나는 불편한 게 있거나 불만이 있어서 발을 동동 구르며 소리를 지르고 있으면 엄마가 하던 일을 멈추고 바로 달려와서, 다음과 같이 내가 화가 났음을 알아주면서 왜 화가 났는지 살피고 해결해 주고 달래주기를 바라고는 했다.

- 내가 화가 났음을 인정해 주고,("우리 딸 화났어요?")
- 왜 화가 났는지 물어봐 주고,("왜 무슨 일이 있었어? 누가 그랬어?")
- 화날 만했다고 공감해 주고,("책상이 때렸어? 때찌! 때찌! 나쁜 책상 같으니라고!")
- 그리고 달래주기를 바란다.("엄마가 책상 혼내줬으니 이제 괜찮을 거야.")

그리고 "이제 뚝! 하고 가서 놀아"라고 말하면, 화가 끝났다.

회복으로 끝낸다

우리는 감정을 경험하고 안정시키는 방법을 생애 초기에 부모를 통해 배우기 때문에, 어린 시절 부모가 어떻게 자기의 감정을 안정시켜 주었는지에 따라 사람마다 회복의 방식이 다를 수 있다. 우리는 그 경험을 의식적으로 기억하고 있지는 않지만, 감정이 요동을 쳐서 안정시켜 줄 무엇인가가 필요해지면 부모가 해주었던 바로 그 방법을 찾고는 한다.

부모가 야단을 치고 나서 따뜻하게 안아준 경우도 있을 것이고, 짜증이 나 있는 아이를 달래려고 일부러 장난을 건 경우도 있을 것이며, 우는 아이를 달래려고 맛있는 과자나 사탕을 입에 넣어준 경우도 있을 것이다. 혹은 혼자서 울음을 그칠 때까지 그냥 놔둔 부모도 있을 것이다. 사람들은 싸우고 나서 상대방을 위로해 주고 달래주고자 할 때 상대방이 자신에게 해주었으면 하는 방식, 다시 말해 부모가 자기를 달래주던 방식을 사용하고는 한다. 그런데 그 방법에 차이가 있기 때문에 관계를 회복하는 방법이 서로 간에 어긋나기도 하고, 더 심하게는 회복하려고 노력할수록 오히려 상대방이 더 화를 내는 수도 있다.

특히 화해한답시고 유머를 던질 때 그러하다. 나는 아직 화가 다 풀리지 않았는데 상대방이 농담을 하거나 장난을 쳐오면, "너는 이제 괜찮아? 웃어? 지금 농담이 나와?" 하는 식으로 식어가는 화의 불을 다시 활활 지필 수 있다. 농담은 심각한 상황이 주는 스트레스를 단번에 날릴 수도 있지만, 부적절하게 사용하면 식어가는 화의 불에 기름을 더 붓는 것이 될 수도 있다.

내가 회복하는 방식과 상대방이 회복하는 방식이 다를 수 있다는 점을 유념해야 한다. 그러니 상대방이 이제 그만 화를 풀자는 제스처를 해올 때, 그것이 꼭 당신 마음에 드는 방법이 아닐지라도 받아주려고 한번 시도해 보는 건 어떨까? "상대방을 어른이 아니라 아이라고 생각하라"는 알랭 드 보통의 조언을 여기에도 응용해 보자. 어린아이가 어른을 기쁘게 해주려고 하는 행동이 딱히 우리 마음에 드는 방법이 아니어도 우리는 웃어주지 않는가? 회복을 위해 취하는 상대방의 말이나 제스처를, 함께 노력해서 싸우기 전의 좋은 관계를 회복하자는 초대로 받아들인다면 어떨까? 초대의 방식이 꼭 우리 마음에 드는 방식이 아니더라도 함께 그 노력에 참여한다면?

싸움을 회복으로 끝내는 방식으로는 두 가지가 있다. 하나는 두 사람 사이의 리듬 또는 조율을 회복하는 방식이고, 다른 방식은 마법을 써서 전혀 다른 공간으로 이동하는 방식이다.

조율의 회복

인간이라는 사회적인 동물의 특징은 서로의 몸짓, 얼굴 표정, 심박수 등이 일치하거나 조화를 이룰 때 기분이 안정된다. 싸움은 이러한 조율을 깨면서 일어나므로 조율을 회복하는 방법이 필요하다. 나와 너 사이의 조율을 회복하는 가장 좋은 방법은 서로 호흡을 맞추고 몸의 리듬을 맞추는 행위이다.[6] 함께 노래를 부른다거나 배드민턴이나 테니스 같은 공놀이를 한다거나 스포츠 댄스를 춘다거나 보폭을 맞추며 함께 걷는 것 모두 아주 좋은 방법이다.

싸울 때를 대비해 평소에 미리 회복의 의식儀式이나, 서로의 리듬에 조율하는 다양하고 창조적인 방식을 생각해 보자. 그리고 이제 싸움이 끝났고 회복 타임이 시작되었음을 전달하는 신호를 개발해 보자. 침팬지는 싸우고 난 다음에 이제 회복의 시간임을 나타내는 의식으로 서로의 털을 골라주는 그루밍을 한다. 반려견은 밖에 나가서 프리즈비(원반 던지기)를 하고 싶으면 프리즈비를 물고 문 앞에 서 있고는 한다. 우리 집 고양이 다홍이는 밖으로 나가고 싶으면 문을 한 번 쳐다보고 나를 한 번 쳐다보기를 반복한다. 인간에게는 너무나 복잡하고 다양한 신호 체계가 있지만, 잘 살펴보면 반복적으로 자주 사용하는 신호들이 있다. 이 가운데 회복을 위한 신호로서 적절한 무언의 제스처를 찾아보자.

침팬지처럼 머리를 쓰다듬어 주거나, 반려견처럼 운동화를 신고 나가자고 하거나, 고양이처럼 옆에 가만히 앉아 있는 것은 어떤가? 무엇이 되었건 직접 간단한 신호를 개발해서 그 신호에 따라 회복의 의식을 가져보자. 다음은 몇 가지 회복 의식의 예이다.

- 함께했던 즐거운 경험을 이야기해 본다.
- 즐거웠던 추억의 장소에 함께 간다.
- 함께 자연 속에 들어간다. 숲을 산책한다. 등산을 한다.
- 같이 좋아하는 음악을 듣는다.
- 테니스나 배드민턴 등 서로 호흡을 맞추어야 하는 운동을 한다.
- 고요한 시간을 함께 갖는다.
- 함께 창조한다. 예를 들어 목공을 배워서 가구를 만든다.
- 함께 길게 걷는다. 제주 올레길이나 지리산 둘레길 같은 곳을 함께 걷는다.
- 자원봉사나 손님을 초대하는 것처럼 둘이 마음을 모아서 다른 이에게 베푸는 일을 한다.

초등학교에서 미술 수업을 하고 있을 때였다. 종이와 풀과 테이프와 자연물로 아무거나 자유롭게 만들기를 하고 있는데 아이들이 정신없이 시끄럽게 굴었다. 종이로 만든 몽둥이를 휘두르며 점점 흥분의 강도를 높여가던 아이들은 금방이라도 교실 밖으로 뛰쳐나갈 것 같았다. 더군다나 한 아이는 2층 교실 창문에 위험하게 매달리기까지 했다. '어쩌지? 어쩌지?' 하며 잠시 멍해져 있던 나는 갑자기 뿅! 하고 좋은 생각이 났다. 종이 한 장을 돌돌 말고, 다른 종이 한 장은 구겨서 공 모양으로 만든 다음 그것을 돌돌 만 종이 위에 붙였다. 색종이와 꽃들도 여기저기 빠르게 붙였다.

내가 떠드는 아이들을 제지하지 않고 열심히 뭔가를 만들고 있으니 아이들이 궁금한지 흘끔흘끔 쳐다보았다. 다 만들고 나서 나는 "자, 이제 다 만들었다" 하고는 내가 만든 '요술봉'을 휘두르며 이렇게 주문을 읊었다. "조용해져라, 뿅!"

그런데 정말 그 순간 아이들이 뛰던 것을 멈추고 조용해졌다. 몇 초 뒤, 아이들이 까르르 웃더니 더 이상 말썽을 피우지 않고 너도 나도 요술봉을 만들기 시작했다. 그런데 나의 요술봉만이 효과가 있었는지 아이들은 나의 요술봉을 빼앗으려 했다. 종이로 만든 요술봉이 무슨 힘이 있겠는가? 내가 하는 요술에 아이들이 응해 준 덕에 우리는 요술 놀이를 할 수 있었다. 그리고 때로는 놀이로 이루어진 약속이 현실에서 강한 힘을 발휘하고는 한다. 이렇게 우리는 상대방이 만드는 은유적이고 소설적인 상황에 협력함으로써 마법을 만들기도 한다.

비슷한 일이 나에게도 일어났었다. 언젠가 내가 마음이 많이 꼬인 적이 있었다. 얼굴을 찌푸린 채 울그락불그락하고 있는데, 친구가 갑자기 내 얼굴 앞에서 검지로 원을 몇 바퀴 그리더니 이마를 톡 하고 치면서 이렇게 말했다. "괜찮아져라 뿅~" 그랬더니 그 순간 정말로 괜찮아졌다. 어떤 위로보다도 빨리, 순식간에 기분이 나아지는 신기한 일이었다.

우리의 삶은 이야기에, 은유에, 그리고 마법에 반응한다. 이성적이고 분석적인 언어와 달리 우리의 기분을 즉각적으로 바꿀 수 있는 것이 은유이고 감각의 변화이고 연극적인 놀이이며 마법의 참여이다. 마법이나 주술을 믿지 않더라도 큰 원을 그려놓고 그 안에 들어가 있으면 안정감을 느끼고, 피곤한 몸을 소금물에 담그고 있으면 몸에서 나쁜 에너지가 삼투압 작용으로 다 나가는 것 같고, 어떤 행위를 마치 의식ritual을 치르듯이 하면 놀랍게도 그 행위가 특별한 힘을 발휘한다. 우리가 믿음을 걸고 하는 모든 행위는 마법이다. 예를 들어 넘어져서 무릎이 까졌을 때 할머니가 입으로 "호~" 하고 불어주는 것은 마법이다. 입김 한 줄기가 무슨 효험이 있을까? 하지만 이것보다 잘 듣는 약이 어디 있는가!

5. 싸움의 기술:
중급

함정을
피한다

말 속에 상반되는 요구나 메시지를 동시에 포함하고 있어서 이러지도 저러지도 못하는 상황을 만드는 것을 이중 구속이라고 한다. 예를 들면 이런 것이다. 아이가 학교에 가지 않겠다고 밥도 안 먹고 버티고 있을 때 부모가 아이한테, "그래, 엄마 말 듣지 말고 네 맘대로 해. 네 맘대로 밥도 먹지 말고 학교도 가지 마"라고 말하는 것이다. 이게 말을 들으라는 소리인가, 말을 듣지 말라는 소리인가? 아이의 입장에서 보면 매우 곤란한 상황이다. 엄마의 말을 들어서 밥도 먹지 않고 학교도 가지 않으면 엄마에게 혼날 것이고, 엄마의 말을 거역해서 밥을 먹고 학교를 가면 자신의 반항이 물거품이 되는 것이니 이러지도 저러지도 못하게 된다. 또는 그렇게까지 해놓고는 꼬리를 내려 밥을 먹지 않고 학교에 가자니 자존심이 상한다.

이중 구속의 또 다른 예는 입으로 하는 말과 몸으로 표현하는 언어가 정반대의 내용을 전달하는 것이다. 입으로는 네가 좋다고 하지만 얼굴로는 싫은 듯한 표정을 짓는다거나, 말은 "너를 사랑해"라고 하지만 몸은 상대방에게서 멀어지고 있다거나 하는 것들이 그 예이다. 이중 메시지를 받은 사람은 이래도 망하고 저래도 망하는 상태가 되는데, 인류학자이자 언어학자인 그레고리 베이트슨Gregory Bateson은 《마음의 생태학》이란 책에서 부모가 자녀에게 주는 이중 구속은 정신분열증의 원인이 된다고 주장했다.(최근 연구들은 이중 구속이 정신분열증의 원인은 아니라고 밝혔지만, 이중 구속이 극심한 정신적 문제와 혼란을 일으키는 것은 사실인 듯하다.)

대등한 위치에 있는 부부나 연인이나 친구 사이에서도 이중 구속은 분노를 일으키는 형태의 어법이다. 친구 사이에서 이중 구속의 메시지를 들으면 그런 어법을 쓰는 친구가 자신을 교묘하게 조종한다는 느낌을 받게 되는데, 이것은 말로 설명하기 꽤 어려운 느낌이고, 그래서 왜 기분이 나쁜지도 설명하기 힘들다. 설명할 수 없으니 토론을 하거나 따지지도 못하고 그냥 화가 나서 투덜대거나 화를 내는 자신을 책망하기도 한다.

불교의 선문답 또는 화두는 의도적으로 이중 구속의 형태를 취한다. 흔히 전혀 엉뚱한 대화가 오가거나 상대방이 무슨 말을 하는 건지 알아들을 수 없을 때 선문답하는 것 같다고 말하기도 하는데, 그것은 선문답이 일상적인 생각의 패턴으로는 이해하기 힘들기 때문이다. 불교에서 선문답을 깨달음의 도구로 취하는 이유는, 이러한 수수께끼 형태의 선문답이 수행자로 하여금 합리적인 이성을 뛰어넘어 의식을 현재 차원에서 다른 차원으로 움직이게 하기 때문이다.

달마의 후계자인 조주趙州 선사는 한 제자가 "조사(달마)가 서쪽에서(인도에서 중국으로) 오신 뜻이 무엇입니까?"라고 묻자, "뜰 앞의 잣나무"라고 대답했다. 이것은 스승이 제자의 깨침을 위해 제시한 유명한 선문답 또는 화두의 하나이다. 화두에는 일상적인 생각의 잣대로는 헤아릴 수 없는 깊은 이치가 숨어 있다. 바로 그 순간 스승이 말하고자 하는 정확한 지점을 알아차리면 제자는 그 자리에서 깨닫는다. 하지만 말에 얽매인다면 그 자리에서 깨달을 수 없다고 한다.❶

선문답은 생각의 차원을 넘어가게 하는 장치이며, 생각과 인식을 넘어 깨침을 얻게 하려는 스승의 의도가 담겨 있다. 이와 달리 이중 구속은 상대방을 구속하고자 하는 무의식적인 의도를 가지고 있어서 상대방을 이러지도 저러지도 못하게 만들며 혼란과 분노를 야기할 수 있다.

그렇다면 현실에서 만나는 이중 구속은 어떻게 해결할 것인가? 이중 구속의 소통 방식을 쓰고 있는 사람이 선문답처럼 깨우침을 주려고 일부러 그러는 것이 아니라면, 아마도 그것은 주로 위의 부모와 아이의 경우처럼 부모와의 관계에서 그런 유형의 소통 방법을 배웠기 때문일 것이다. 또한 우리는 어떤 사항에 대해 양가兩價 감정을 갖는 경우가 많은데 이 같은 상반되는 욕구나 바람이 이중 구속이라는 언어 형태로 표출될 수도 있다.

그러면 어떻게 이 이중 구속의 함정을 피할 것인가? 인지행동치료사인 케빈 피츠모리스Kevin FitzMaurice는 이렇게 조언을 한다. 주어진 주제와 비슷하지만 조금 다른 주제의 이야기를 긍정적인 말투로 이야기한다. 이중 구속적인 언어로 묻는 사람에게 직접적으로 대답하지 않으며, 그렇다고 그 사람을 무시하지도 않는다. 다음은 그가 들려주는, 이중 구속을 피하는 예이다.

질문: "성공하고 싶지 않아?"

대답: "나는 생산적으로 일하고 있을 때 기분이 좋아요."

질문: "가족에 대해서는 조금도 생각 안 하지?"

대답: "가족과 함께 있을 때 행복해요."

질문: "하나라도 제대로 못해?"

대답: "잘되면 좋겠어요."

이중 구속에 대하여 일종의 선문답 형식으로 대답하는 방법이다. 즉 '~하면 좋아요' '~를 즐거워해요' '~하면 기분이 좋아요' '~되면 좋겠어요' 같은 식으로 말을 하는 것이다. 그는 이 방법이 늘 통하지는 않더라도 효과적일 때가 많다고 말한다.

이중 구속 형태의 질문으로 공격하는 사람은 자기가 그렇게 물었는데도 상대방이 무시하고 대답을 하지 않으면 무척 화를 낸다. 그런 방식으로 말하면서 상대방을 탓하고 죄를 묻고 싶어 하는 것이다. 그런데 여기에 계속해서 긍정적으로만 대답을 하면, 공격하는 사람의 입장에선 상대가 적의 역할을 해줘야 계속 공격할 수 있는데 적의 역할을 하지 않으니 공격을 포기하게 되는 것이다.

내 친구 한 명은 이중 구속의 질문에서 벗어나는 이 방법에 탁월한 감각을 가지고 있다. 이 친구가 이중 구속을 해결하고 불안한 상황을 긍정적으로 바꾸는 것을 리얼 타임으로 보고 있으면 그 실력에 감탄할 수밖에 없다.

한번은 우리가 워크숍을 하기 위해 카페 공간을 빌려서 준비하고 있는데, 우리가 준비하는 모습을 지켜보던 카페 사장님이 갑자기 화를 냈다. 테이블 위치를 허락 없이 바꾸는 것에 이미 기분이 나빠 있었는데, 우리 스태프 한 사람이 다과 준비를 위해서 카페의 접시를 쓸 수 있는지 주춤주춤하며 조심스레 묻자 화를 내신 것이다.

"아니, 내가 접시도 못 쓰게 하는 사람으로 보여?"

이 말은 '네'라고 대답하기도 어렵고 '아니오'라고 대답하기도 어려운 이중 구속의 전형적인 예이다. 어떻게 대답해도 틀린 대답이 되고, 이 질문에서 도망가기도 어렵다. 만약 "네, 테이블 옮기는 것도 싫어하셨는데, 그걸 보니 접시 쓰는 것도 싫어할 사람으로 보여요"라고 대답한다면, "당신은 그렇게 옹졸한 사람이야"라고 공격하는 것이 될 것이다. 그런데 만약 "아니오, 접시를 못 쓰게 하는 사람으로 보이지 않아요"라고 대답한다면, 접시를 써도 되는지 물을 때 왜 그렇게 의심스럽고 조심스럽게 했는지에 대한 다른 이유를 대야 한다.

진퇴양난이었다. 이 상황에서 빠져나오려고 수고하고 있는 스태프를 곤란하게 만들 수도 없고, 그렇다고 공간을 내어준 카페 사장님을 욕할 수도 없었다. 이때 친구는 다음과 같은 말로 곤경에서 벗어나는 놀라운 능력을 발휘했다.

"아하하하, 워크숍 준비가 잘되고 있네요!"

"사장님이 이렇게 나서서 직접 챙겨주시니 얼마나 좋은지 몰라요."

"이 카페는 워크숍을 하기에 정말 최적의 공간이에요! 공간이 너무 마음에 들어요!"

친구는 질문자의 이중 구속에 직접적으로 대답하지 않는다. 하지만 그를 무시하지도 않는다. 이 상황에서 긍정적인 면을 언급할 뿐이다. 이중 구속적인 질문을 계속해도 이런 답변을 받다 보면 공격할 수 있는 타깃이 없어진다.

하도 놀랍고 신기해서, 친구에게 어떻게 상대방이 놓은 이중 구속의 덫에 걸리지 않고, 공격도 반격도 하지 않으면서 그 상황을 무사히 넘어가는 방법을 배웠는지 물었다. 친구는 그렇게 하는 법을 배운 적도 없고, 어떻게 해서 그런 것을 할 수 있는 사람이 되었는지도 모른다고 했다. 단지 화를 내는 사람을 어려워하지 않는 것이 요령이라면 요령인 것 같다고 했다. 상대방의 짜증이나 성냄이 자신을 당황하게 하거나 무섭게 하지 않는다는 것이다.

이중 구속을 하는 사람은 '저리 가라'는 말과 '이리 오라'는 말을 동시에 하는 격인데—위의 예에서는 옹졸하다고 느낄 만한 행동을 하고 있으면서 베푸는 사람으로 보이기를 바란 것이다—함께 발사된 두 가지 메시지 중에서 한 가지에만 선별적으로 반응한다면 다른 한 가지 메시지를 반대하는 것이 되지만, 이렇게 두 메시지를 던지는 사람의 더 깊은 바람(위의 예에서는 자신의 옹졸한 면에도 불구하고 좋은 사람으로 보이고 싶은 마음)에 접속하는 것으로 이중 구속의 덜미에서 벗어날 수 있다.

멈춘다

'타임아웃'은 싸움이 너무 과열되거나 흥분해서 정정당당하게 싸우기 힘든 상태가 될 때 잠시 멈추는 것을 말한다. 나는 싸울 때 타임아웃이 저절로 되는 편이다. 싸우다가도 너무 화가 나면 마치 화재 방지벽이 천장에서 자동으로 내려오는 것처럼 싸움을 멈추게 된다. 그럴 때는 잠시 싸우던 것을 멈추고 감정을 어느 정도 가라앉힌 뒤라야 계속 싸울 수 있다. 이런 나의 방식에서 문제가 되는 것은 상대방이 타임아웃을 잠시 숨 고르기 하는 시간이 아니라 게임을 하다가 로그아웃하는 것같이 느끼게 된다는 점이다. 실제로 나는 타임아웃을 한다고 말은 하지만 실은 돌아서 버리거나 전화를 끊어버린다. 로그아웃을 하는 게 맞다. 그러면 상대방은 더 격분한다.

나의 이런 태도를 두고 친구랑 길게 대화를 해보았다. 친구는 내가 타임아웃을 선언함과 동시에 로그아웃하지 말고 몇 초만 더 기다려 타임아웃해도 좋겠는지 의견을 구하고 상대방의 동의를 받은 뒤에 타임아웃을 하는 것이 좋겠다고 조언했다. 생각해 보면 나의 경우 타임아웃과 로그아웃이 거의 동시에 일어나는 이유는 싸움이 더 이상 견디기 힘든 상황까지 가기 때문이다. 타임아웃에 대한 동의를 구하고 서로 합의할 수 있을 때까지 필요한 몇 초를 더 기다릴 수 있으려면 싸움의 마지막 순간까지 가서는 안 된다. 그러자면 자신의 화가 올라오는 정도를 예민하게 볼 수 있어야 한다.

자신의 화가 올라오는 정도를 가늠해 보자. 다음에 제시한 표를 참고하여, 자기 나름대로 화의 단계표를 만들어볼 것을 제안한다. 우리는 화가 '치밀어 오른다'고 표현하며 그것이 순식간에 일어나는 일이라고 느끼지만, 자세히 살펴보면 화가 나는 과정에는 순차적으로 일어나는 흐름이 있다. 그 흐름이 느리거나 빠를 뿐이다. 이 방법은 내가 정신병원에서 미술 치료사로 일할 때 직원 트레이닝에서 배운 것이다. 자신과 타인의 화가 올라오는 정도를 1~10단계로 나눠서 인지하고, 각각의 단계마다 그에 적절한 대응법을 택하는 것을 그곳에서 처음 배웠다.

예를 들자면 상대방이 9~10단계로 화가 나 있다면 그 사람을 제지하거나 말리려고 하지 않는다. 그보다는 자신의 안전을 위해

나의 화의 단계표 예

	화의 단계	스스로를 진정시키는 방법
10단계	폭력적으로 화를 표출하거나, 내면으로 삼켜서 몸이 아파온다.	안전한 곳으로 간다.
9단계	방어벽이 내려온다. 싸움을 순간적으로 멈추고, 멍해지거나 도망을 가려 한다.	다른 방으로 가거나 밖으로 나간다.
8단계	벌떡 일어나거나 소리를 지르거나 물건을 던진다.	타임아웃
7단계	가만히 있기 힘들다. 소리를 지르거나 뭔가를 탕 하고 놓거나 던지고 싶다.	손에 공 같은 것을 꽉 쥔다.
6단계	화를 내기 시작한다. 목소리가 커지고, 팔에 힘이 들어간다. 호흡이 거칠다.	심호흡을 한다.
5단계	목소리가 떨리고, 생각이 좁아진다. 몸에서 열이 난다.	손발을 털고 어깨를 들썩들썩해서 긴장을 푼다.
4단계	말투가 딱딱해지고 공격적으로 말한다.	들숨과 날숨을 고르게 하고, 목소리를 낮춘다.
3단계	몸이 긴장되고, 눈에 힘이 들어간다. 입이 마른다.	물을 한 잔 마신다.
2단계	심장 박동이 더 빨라지고, 어깨가 긴장된다.	호흡을 고르게 하려고 한다.
1단계	각성 상태가 되어 정신이 번쩍 든다.	화가 올라오고 있음을 알아차린다.

나의 화의 단계표

	화의 단계	스스로를 진정시키는 방법
10단계		
9단계		
8단계		
7단계		
6단계		
5단계		
4단계		
3단계		
2단계		
1단계		

서 피한다. 하지만 3~4단계라면 말로 상대방의 화를 제지할 수 있는 단계이다.

자신은 어떤 단계로 화를 내는지, 표를 만들어서 서로 소통해 보자. 단 이것은 둘이서 싸우다가 조금씩 화가 올라올 때의 일이며, 누군가에게 갑자기 공격을 받거나 위협을 받는 상황이라면 한 순간에 8단계에 이를 수도 있다. 이때는 싸우거나 도망을 가야 하는 상황으로, 전혀 다른 게임이다.

창과 방패를 내려놓는다

우리는 싸울 때 상대방의 이야기를 듣는 능력이 크게 줄어든다. 또한 자기도 무슨 말을 하고 있기는 한데 도대체 무슨 말을 하고 있는지 모르겠다는 느낌이 들기도 한다. 더군다나 화가 나서 말을 하는 사람은 자기가 무엇 때문에 화가 났는지 정확히 모르는 상태일 가능성이 커서, 이 말 저 말 하다 보면 전혀 다른 주제로 빠지기도 한다.

그러다 보면 진짜 싸움의 주제를 가지고 싸우는 것이 아니라 그 언저리에 있는 다른 것 또는 세부적인 작은 문제 하나를 붙잡고 싸우는 경우가 많다. 또 상대방의 말을 방어적으로 혹은 공격적으로 듣고 그에 따라 반응하게 되는데, 이런 상태에서는 상대방을 이해하고자 하는 태도로 말을 듣는 것이 아니라 어떤 부분에서 자신을 방어하고 어떤 부분에서 공격해야 하는지에 초점을 맞추고 듣게 된다.

이런 대화에서 방어와 공격의 패턴 변화는 거의 자동으로, 의식적인 선택이 아니라 본능적으로 일어나는 것 같다. 이렇게 싸우면 아무리 싸워도 싸움의 본질로 들어가지 못한다. 해결은커녕 상대방이 이해가 되지도 않는 소모적인 싸움은 당사자들을 몹시 지치게 하고, 때로는 대화를 포기하게끔 만들며, 심지어는 관계마저 포기하게 만들기도 한다.

결혼한 지 10년 된 중년 부부가 있다. 남편이 차를 새 것으로 바꾸고 싶어 한다. 지금 타고 있는 차는 부부가 신혼 때 캠핑 여행용으로 많이 타고 다녔고, 지금은 부인이 주로 출퇴근용으로 쓰고 있다. 남편은 이 낡은 차를 좀 격식도 있고 안전한 중형차로 바꾸고 싶어 했다. 하지만 부인은 아직 차를 바꾸고 싶은 마음이 없었다. 신혼 때 이 차를 타고 여기저기 여행을 많이 다닌 추억이 있는데다 성능도 아직 멀쩡해서 바꿀 필요를 느끼지 못했다.

부인: "아니, 왜 멀쩡한 차를 바꿔? 아직 잘 나가잖아. 왜, 남

들이 구닥다리 같은 차 타고 다닌다고 무시해? 당신은 그게 그렇게 중요해?"

남편: "당신은 그게 문제야. 왜 다른 사람의 시선이 중요하지 않다고 생각해? 그렇게 중요하지 않으면 뭐하려고 열심히 일하고 좋은 옷 입고 다니고 그래? 그냥 대충 살지."

부인: "아니, 왜 그렇게 말하고 그래? 이 차가 문제가 있는 것도 아니잖아. 아직 멀쩡한 차인데 왜 그래?"

남편: "멀쩡하다고? 당신이 차에 대해서 뭘 알아? 이쯤 탔으면 이제 하나둘씩 고장이 날 건데 그러다가 사고라도 나면 어쩌려고?"

싸움은 이런 식으로 빙빙 돌면서 계속 이어지지만, 정말 무엇 때문에 싸우고 있는지는 드러나지 않고 있다. 차가 아직 멀쩡하니 바꿀 필요가 없다는 부인의 생각도 있고, 차를 주로 타고 다니는 부인의 안전을 생각해 이쯤 되면 새 차로 바꿀 필요가 있다는 남편의 생각도 있다. 또 중년의 나이에는 어느 정도는 값이 나가는 차를 타야 한다는 사회적인 견해도 있고, 그럼에도 불구하고 그 차와 관련한 추억을 붙잡고 싶은 부인의 마음도 있다.

이 경우는, 깊이 들어가서 보면 실은 차에 관한 싸움이 아니라 결혼 생활에 관한 싸움이다. 아웃도어를 좋아하고 캠핑을 좋아하는 이 부부는 신혼 시절, 주말만 되면 차에 캠핑용품을 가득 싣고 이곳저곳을 다니면서 캠핑을 했다. 원래 그렇게 만났고 평생 그렇게 살자고 다짐했었다. 그런데 직장 생활이 바빠지고 이런저런 책임질 일들이 생기면서 더 이상 캠핑을 할 수 없게 되었다. 그 대신 주말이면 쉬거나 모임에 나가거나 각자 운동을 다녔다. 애정이 없어지거나 관심이 줄어든 것은 아니지만, 부부는 서로에게 조금씩 무심해지고 있었다. 그러다 보니 서로에 대한 관심과 사랑, 즉 부인의 안전을 걱정하는 마음과 남편과의 추억을 간직하고 싶은 마음이 그렇게 서투르게 표현되었던 것이다.

만약 둘이 진짜 싸움, 즉 캠핑을 하며 주말을 보내던 시절이 그립다는 이야기나, 이제 나이가 들고 생활도 바뀌었으며 그에 따라 우리 삶도 변화하고 있다는 이야기를 할 수 있었다면, 두 사람은 자동차 이야기가 아니라 변화하는 부부 관계에 대해 이야기할 수 있었을 것이다. 그런 대화를 하려면 서로의 대화 사이에 촘촘히 배어 있는 공격과 방어를 내려놓아야 한다. 상대방이 나를 칼로 찌른다고 생각되어도 방패를 들이밀지 말고, 상대방이 나에게 방패를 들이민다고 해도 칼을 휘두르지 말아야 한다.

나는 개인적으로 이 부분이 참 어렵다. 내가 공격을 받는다고 느끼는 상황에서 방어하거나 공격하지 않고 상대방의 관점을 이해하려 노력하면서 이야기를 듣는 것 말이다. 그럴 때 도움이 되는 것은 상대방의 이야기에 집중하는 것이 아니라 내 몸의 변화에 온 마음을 다해서 집중하는 것이다. 상대방이 나를 공격한다고 느낄 때 내 안에서 방패와 칼을 찾아 드는 과정은 순간적으로 매우 빠르게 일어나는데, 그 순간이 아무리 빠르게 일어나더라도 몸의 감각에 분명한 변화가 나타나기 때문에 의식을 하고 있다면 알아차릴 수 있다. 예를 들면 감각이 바깥으로 향한다거나 손끝의 감각이 예민해지고, 상대방의 말과 움직임에 예민해진다.

다음은 이럴 때 내가 하는 몇 가지 방법이다. 몸의 가장자리에 집중되어 있는 의식을 중심으로 가져오고, 밖으로 향한 에너지를 내 안으로 돌려서 내려놓고자 하는 노력이다. 각자 자신만의 방법을 찾아보자.

몸의 긴장을 푼다

긴장을 하면 어깨를 올린다거나 이빨을 꽉 무는 사람이 있다. 이빨을 물고 있다면 턱을 이완하고, 어깨가 긴장되어 올라가 있다면 의식적으로 아래로 내리자. 허리가 뻣뻣해지고 있다면 자세를 바꾸거나 일어선다.

나의 경우에는 긴장을 하면 유달리 왼쪽 어깨가 안으로 말리고는 한다. 그럴 때는 오른발을 땅에 꾹 누르면서 몸의 대각선 축을 따라서 왼쪽 어깨를 바깥으로 펴려고 노력한다. 자신의 긴장 반응

패턴이 무엇인지 잘 알아야 그 신호를 알아차리고 풀 수 있다.

얼굴 표정을 바꾼다

감정과 얼굴 표정은 직접적으로 연결되어 있다. 어떤 감정이 들 때 얼굴에 그 감정의 고유한 표정을 짓게 되는데, 그 반대 역시 사실이다. 그래서 얼굴 표정을 바꾸면 감정이 바뀐다. 예를 들어 화가 나거나 짜증이 나면 미간 근육이 긴장이 되고 뭉치게 되는데, 미간 근육 하나만 이완할 수 있어도 감정이 바뀐다.

방법은 아주 간단하다. 두 손의 두 번째와 세 번째 손가락으로 미간 양쪽을 반대쪽으로 살짝 멀리 당겨준다. 이 상태에서 천천히 호흡을 하면서 10초 동안 가만있는다. 미간과 더불어 눈, 얼굴, 몸과 어깨의 긴장이 스르르 풀릴 것이다.

'다행이다' 호흡

다음은 다섯 번 호흡하는 방법인데, 한 번씩 호흡할 때마다 점진적으로 얼굴과 몸과 목소리의 긴장을 풀고, 마지막 호흡을 내쉬며 "다행이다"라는 말을 하면서 마무리한다. "다행이다"는 놀라운 기적의 말이다. 상황과 상관없이 이 말을 하고 나면 감사하는 마음이 된다. "다행이다"라고 마음속으로 또는 소리를 내어 말해도 좋고, 또는 "다행이다, 네가 있어서" 또는 "다행이다, 우리가 지금

이 이야기를 할 수 있어서"처럼 그 상황에 필요한 적절한 문장으로 만들어도 좋다.

첫 번째 호흡, 숨을 들이쉬고 내쉬면서 얼굴의 긴장을 푼다.

두 번째 호흡, 숨을 들이쉬고 내쉬면서 어깨의 긴장을 푼다.

세 번째 호흡, 숨을 들이쉬고 내쉬면서 팔과 손의 긴장을 푼다.

네 번째 호흡, 숨을 들이쉰 뒤 '하~' 하고 길게 내뱉는다.

다섯 번째 호흡, 숨을 깊게 들이마신 뒤 천천히 내쉬면서 "다행이다"라고 말한다.

사람으로 보지 않는다:
동물 훈련법의 응용

개가 짖는 것을 어떻게 멈추게 할 것인가? 손님이 찾아왔는데 개가 짖으면 대개는 당황한 주인이 가서 단호하게 개 이름을 부르며 짖지 말라고 야단을 친다. 도시에서는 심하면 성대 수술을 시키기도 한다. 그런데 개를 짖지 않게 하는 방법은 의외로 아주 쉽다고 한다. 바로 "앉아"라고 명령하는 것이다. 그러면 개는 앉는 동시에 짖기를 멈춘다.

물론 앉으라는 명령에 훈련된 개에게만 해당하는 말이겠지만,

왜 앉으라고 하면 짖기까지 멈출까? 그 이유는 개는 네 발로 서서 짖으며 짖기와 앉기를 동시에 할 수 없기 때문이다. 원하지 않는 행동을 멈추게 하기 위해서 양립할 수 없는 행동을 시키는 것을 동물 트레이닝에서 '양립불가 행동incompatible behavior'이라고 부른다.

사실 우리는 이 행동 기법을 꽤 자주 사용한다. 말을 안 듣고 소란을 피우는 아이의 주의를 돌리기 위해 갑자기 뭔가를 떨어뜨리며 "그것 좀 주워줘"라고 하는 것이 그 예이다. 그러면 아이는 아무 생각 없이 '말썽' 부리던 것을 멈추고 반사적으로 물건을 주워준다. 옛날 코미디 프로그램에 많이 나오던 장면으로, 도둑이 경찰에게 쫓기다가 갑자기 멈춰서 손가락으로 하늘을 가리키며 "어 어 어~" 하면, 경찰은 물론 지나가던 사람들까지 뭔가 싶어서 다 하늘을 올려다보는데 그 사이에 도둑이 도망을 가는 것도 그런 경우이다. 하늘로 뭔가가 날아갈 때 쳐다보는 것은 인간 동물만의 습성이라고 하는데, 잘 살펴보면 우리는 하늘을 쳐다보는 것과 무언가를 쫓아 달려가는 것을 동시에 하지 못한다.

저널리스트인 에이미 서더랜드Amy Sutherland는 동물 트레이닝 학교에 대한 책을 쓰기 위해 동물 트레이너들을 만나 그들이 동물을 훈련하는 방법을 관찰했다고 한다.[2] 베테랑 트레이너가 돌고래에게 트위스트 점프를 시키고, 코끼리로 하여금 그림을 그리게 하고, 개코원숭이가 스케이트보드를 타게 하는 훈련 모습을 관찰하다가 그녀는 좋은 생각이 번뜩하고 났다. '이 기술들을 잘 까먹고 자주 늦고 변덕이 심하고 지갑과 차 키를 곧잘 잃어버리는 남편이라는 동물에게 써보면 어떨까?'

그녀는 지난 14년간 함께 산 남편을 여전히 사랑하지만, 남편의 이런 습관 때문에 짜증이 쌓여 폭발하기 직전이었다. 부부 치료도 받아봤지만 치료사는 두 사람 관계에 아무 문제가 없다고 했다. 잔소리도 해봤지만 그럴수록 남편은 빨라지는 것이 아니라 더 느려지고 딴청을 피우기 일쑤였다. 정원 일을 부탁하면 정원 대신 화장실에 들어가서 나오지 않았고, 날마다 차 열쇠를 못 찾아 집 안을 들쑤시고 다녔다. '돌고래도 코끼리도 원숭이도 치타도 훈련시키는데 남편이라는 동물도 훈련시킬 수 있지 않을까?' 그녀는 생각했다.

그녀는 먼저 트레이너가 훈련시킬 동물을 관찰하듯이 남편을 관찰했다. 서식지, 사회 구조, 몸의 구조와 습성, 무엇을 좋아하고 무엇을 싫어하는지, 또 어떤 것을 쉽게 하고 어떤 것을 어렵게 하는지 등등을 관찰했다. 예를 들어 "코끼리는 무리 동물이고 계급 구조에 반응한다. 점프를 할 수 없지만 머리 서기를 할 수 있다. 채식을 한다."

이러한 방식으로 그녀가 남편 스콧을 관찰한 결과는 이랬다. "스콧은 홀로 있는 것을 선호하는 우두머리 수컷이다. 그렇기 때문에 계급 구조는 중요하지만 그룹은 별로 중요하지 않다. 체조 선수와 같은 균형 감각이 있지만 움직임이 느리다. 특히 옷을 갈아입을 때 더 그렇다. 스키는 쉽게 타지만, 시간을 지키는 것은 어려워한다. 잡식성이다."

그녀가 동물 트레이너에게 배워서 남편을 훈련하는 데 쓴 기법들은 ① 근사치 보상 기법, ② 양립불가 행동 기법, 그리고 ③ 최소한의 강화 기법이다.

근사치 보상 기법은 비록 작은 행동이라도 원하는 쪽에 가깝게 할 때마다 보상을 해주는 방식이다. 한 번에 이룰 수 없는 어떤 일을 작은 단위들로 쪼개서 보상을 해주는 것이다. 남편이라는 동물이 세탁이 필요한 옷 하나를 세탁 망에 넣으면 고맙다고 칭찬하고, 옷 두 개를 세탁 망에 넣으면 키스를 해주는 식이다. 그렇게 원하는 쪽으로 나아가는 작은 행동 하나하나에 칭찬하고 보상한다. 단 원하지 않는 행동은 그냥 깡그리 무시한다.

위에서도 언급한 양립불가 행동 기법은 서로 함께 할 수 없는 행동지침을 줌으로써 아예 원하지 않는 행동이 일어날 수 없는 상황을 만드는 것이다. 스콧은 에이미가 부엌에서 요리하고 있을 때 와서는 "여보, 이것 좀 봐. 이 신문 기사 봤어? 그 소문 들었어?" 하면서 귀찮게 하고는 하는데, 이런 남편에게 그녀는 부엌 끝에 있는 테이블에 도마를 놓고 채소를 다지게 하거나, 부엌에서 먼 거실의

탁자 위에 '모이'(여기서는 감자튀김을 담은 그릇)를 놓아주었다. 그랬더니 요리하는 데 남편이 더 이상 방해가 되지 않았다.

최소한의 강화 기법은 이렇다. 트레이너는 돌고래가 한 실수나 고의로 하는 잘못에는 어떤 식으로도 반응하지 않는다. 긍정적이든 부정적이든 반응을 하면 그 반응이 행동을 일으켜, 자칫하면 원하지 않는 행동을 강화하기 때문이다. 예를 들어 짖는 개를 멈추게 할 셈으로 간식을 주면, 개는 짖으면 간식을 준다는 사실을 습득해서 손님이 오면 간식을 얻기 위해 더 짖게 될 수도 있다. 하지만 아무런 반응도 하지 않으면 그 행동은 시간이 지나면 차츰 사그라진다. 그래서 동물이 실수를 하면 트레이너는 몇 초 동안 아무 반응 없이 가만히 있는다. 동물 쪽으로는 아예 쳐다보지도 않는다. 그리고 하던 일로 돌아간다.

에이미는 이 또한 스콧에게 적용해 보았다. 어느 날 아침 그날도 남편은 차 열쇠와 지갑을 찾느라 짜증을 내며 온 집 안을 들쑤시고 다녔다. 그러나 에이미는 아무런 반응도 보이지 않았다. 결과는 놀라웠다. 열쇠를 찾는 남편의 입에서 더 이상 짜증을 내는 소리가 들리지 않았다. 그녀는 책에서 "이 결과가 너무 기쁜 나머지 남편에게 고등어 한 마리를 던져주고 싶었다"[3] 고 썼다.

이 실험을 하고 난 그녀는 동물 트레이너가 좌우명으로 삼던 것을 그대로 자신의 좌우명으로 삼았다. "그것은 동물 탓이 아니다.” 아마 한국식으로 한다면 “세상에 나쁜 개는 없다”일 것이다. ‘동물’ 스콧의 훈련이 잘 안 될 때는 ‘트레이너’ 에이미는 그 ‘동물’을 탓하기에 앞서 자신의 행동을 유심히 분석해 보기도 했다. 자신의 어떤 행동이 상대방의 어떤 반응을 무의식적으로 일으키는지 보기 시작한 것이다. 그리고 사실 스콧의 모든 행동 변화는 자신의 행동 변화에 달려 있다는 결론에 이른다.

상대방을 동물 보듯이 함으로써 그의 행동 변화를 이끌어낼 수 있었던 요인은 그 사람 고유의 동물적 특성이 담긴 행동과 자신의 행동에 대한 반응으로 나온 행동을 구분하고, 잔소리를 하거나 야단을 치거나 화를 내기보다 훈련중인 동물에게 하듯이 그때그때 적절한 행동 강화 혹은 행동 소멸 기법을 사용했기 때문이다. 이처럼 우리는 사랑하는 사람의 반복적인 행동 습관 때문에 싸우게 될 때, 그의 행동을 동물적 특성으로 바라봄으로써(즉 나를 골탕 먹이려고 일부러 그런다거나, 뭔가 의도가 있어서 그런다고 보지 않음으로써) 더 큰 싸움을 피할 수 있다. 이렇게 함께 사는 가족이나 룸메이트가 신경 거슬리는 행동을 반복적으로 할 때, 큰 싸움이나 관계의 단절로 옮겨가기 전에 그것을 그 사람의 고유한 동물적 특성으로 보는 연습을 해보자.

나는 당황하면 여러 가지 행동을 하는데 그중 하나가 손으로 뭔가를 뜯는 것이다. 친구랑 말다툼을 벌이는 와중에 친구 옷의 보풀을 뜯다가 친구의 화를 더 돋운 적도 있다. 나중에 나는 손으로 뭔가를 뜯고 싶어 하는 것이 유인원들의 그루밍 습관과 매우 비슷하다는 사실을 깨닫게 되었다. 친구가 화를 내고 있을 때 친구의 옷에 묻은 보풀이나 머리카락을 떼어주고 싶어 하는 것이 나라는 동물의 특징인 셈이다. 내가 그 상황을 회피하려고 의도적으로 딴짓을 하는 것이 아니란 사실을 알게 되면서 친구는 나의 그런 행동에 더 이상 화를 내지 않았다.

밤이 깊었는데 아이가 자지 않고 이불 속에서 노닥거린다고, 학교 가야 할 시간에 거울을 보며 늑장을 피우고 있다고, 빨리 밥을 먹지 않고 밥알을 세고 있다고 걱정인 부모들을 많이 만난다. 아이의 행동을 고쳐달라는데 나로선 참 난감할 때가 많다. 그 집에서 아이가 밥알을 세고 있을 때 부모님이나 다른 가족들이 무엇을 하고 있는지 나로서는 알 수 없기 때문이다. 아이의 행동을 바꾸려면 무엇이 그런 행동을 일으키는지 봐야 한다. 주변 상황과, 부모님의 어떤 말이나 행동이 아이로 하여금 그런 반응을 일으키게 하는지를 동물 트레이너와 같은 시각으로 살펴볼 필요가 있다는 말이다.

삼십대의 프리랜서인 미진 씨는 사사건건 잔소리를 하는 엄마 때문에 미치겠다고 했다. 왜 아직 남들 다 가는 시집 갈 생각을 안 하는지, 왜 아침을 안 먹고 다니는지, 왜 번듯한 직장을 때려치우고 프리랜서로 일하는지 엄마는 매일매일 지루할 정도로 잔소리를 반복했다. 걱정이 되어서 하는 소리인 줄은 알겠는데, 그리고 엄마를 사랑하지 않는 것도 아닌데, 미진 씨는 엄마의 잔소리가 괴로워서 미칠 것 같았다.

그러다 어느 날 야생 고릴라 다큐멘터리를 보다가 엄마를 한번 '유인원 어미'라고 상상해 보았다고 한다. 미진 씨가 원하는 인간 엄마는 성장한 딸을 믿어주고 자신을 독립된 존재로 존중해 주는 것이었다. 하지만 일찍이 남편이 죽고 혼자 힘들게 딸을 키워낸 '어미'는 아직도 세상이 안전하지 않다고 느끼면서, 심리적으로는 여전히 아이를 업은 채로 먹이를 찾아 헤매고, 아이가 속해서 살 수 있는 안전한 무리를 찾아 다녔다. 생각이 여기에 미치자 미진 씨는 엄마가 자신이 믿고 있는 세상에서 최선을 다해 살아가고 있는 존재로 바라봐지기 시작했다.

'어미는 무리 동물인데 무리에서 빠져나와 홀로 정글을 돌아다니고 있다. 원 서식처에서는 무리와 함께 채집 활동을 주로 했는데, 홀로 아기와 있으면서 장사를 하게 되었고 위험에 많이 노출되었다. 계급 구조에 민감하게 반응하며, 무리에 소속되지 못해서는 불안해했다. 원래는 낮에 활동하고 밤에 자는 주행성이지만, 밤에 도매상에서 일을 하면서 야행성으로 바뀌었다. 점프를 할 수도 없고 물구나무도 설 수 없지만, 무거운 짐을 번쩍번쩍 들 수 있게 진화하였다. 말하기를 잘하지만 한번 시작한 말을 멈추기는 어렵다. 잡식주의자다. 단 가장 맛있다고 여기는 것은 아기에게 먼저 주는 어미다.'

축지법:
이도 저도 아닌 다른 곳으로 간다

똑같은 싸움을 너무 오랫동안 계속하거나, 도대체 문제를 해결할 가능성이 보이지 않을 때, 또는 문제에 너무나 많은 측면들이 들어 있어서 하나하나 풀기 어려울 때, 아예 그 문제에서 빠져나와 새로운 지형으로 가는 방법이 있다. 바로 축지법이다.

축지법 하면 도사가 긴 수염과 도포 자락을 날리면서 엄청 빨리 달리거나 날아다니는 모습을 상상하는데, 축지법縮地法이란 글자 그대로 해석하면 '땅을 접는 법'이라는 뜻이다. 마치 종이를 접듯이 땅을 접고 산을 접어서, 평범한 속도의 보폭으로 걷는데도 눈 깜짝할 사이에 먼 거리를 이동하는 방법이다. 예부터 도인이 신선의 경지에 이르렀는지 따지는 것이 축지법을 완성했는지 여부였으며, 분신술이나 둔갑술, 봉인술, 염력, 장풍 등 다양한 도술 중에서도 축지법이야말로 도술의 정수라고 여겼다.

싸움의 기술에서 최고의 정수 역시 축지법이다. 싸움에서 축지법은 나의 생각과 그의 생각을 접어서 전혀 다른 곳에 가는 방법이다. 문제를 해결하는 것도 아니고, 나를 바꾸거나 상대방을 변화시키는 것도 아니다. 문제가 일어나는 환경이나 문맥 또는 프레임에서 벗어나서 전혀 다른 지형으로 가는 것이다. 이 방식의 장점은 문제와 싸우느라 점점 더 문제의 실타래 속으로 얽히고설켜 들어가는 흐름에서 단숨에 빠져나올 수 있다는 점이다. 단점은 그렇게 옮겨간 새로운 지형에서 또 다른 문제를 만날 수도 있다는 점이다.

싸움은 늘 현재 시점에서 벌어지지만 싸움을 일으키는 요소는 과거에서 데리고 온 것들이 많다. 예를 들자면 이 사람이 현재 나를 실망시키는 이유는 내가 과거에 이 사람을 선택하면서 품은 기대에 미치지 못해서이고, 지금 이 사람의 어떤 습관이 나를 짜증나게 하는 이유는 내가 살아온 과정에서 배우고 습득한 바른 습관을 무시하기 때문이며, 지금 이 사람과의 관계에서 겪는 실패가 나를 절망스럽게 만드는 이유는 이 사람을 만남으로써 해결하고자 했던 무의식적인 목표(예를 들어 과거에 경험했던 결핍감의 해결)가 실패로 돌아가서일 수 있다.

이러한 과거의 것들은 '익숙함'이라는 엔진을 돌려서 강력한 자기장을 만들고, 우리로 하여금 그 자기장의 궤도 안에서 움직이게 한다. 그러다 어쩌다가 작은 습관이라도 바꾸려고 하면 이 자기장의 궤도는 우리의 의지를 비웃고 우리의 발목을 붙잡는다. 용기를 내 낯선 곳에 발을 내디뎠다가 갑자기 두려워져 제자리로 돌아오는 경우가 얼마나 많은가? 따라서 두 사람이 갈등 상황에 있다는 것은 각자가 익숙해 있던 과거의 궤도가 타인이라는 낯선 지형, 낯선 프레임, 낯선 우주를 만났다는 증거이다.

지아 장Jia Jiang이라는 사람은 빌 게이츠처럼 되고 싶은 큰 꿈을 가지고 청년기에 중국에서 미국으로 건너갔다. 서른 살이 된 해에 그는 거절당하는 것이 두려워 아무런 시도도 하지 않는 자신의 모습을 보고 100일 동안 거절당할 만한 일만 골라서 하는 프로젝트를 진행한다.[4] 지나가다 만난 사람에게 100달러를 꿔달라고 한다든가, 햄버거 가게에 가서 햄버거 리필을 해달라든가 하는 식의 말도 안 되는 일들을 한다. 처음에는 죽을 것처럼 부끄러웠지만 점점 맷집이 생기고 거절당하는 것이 별것 아니게 되고 나자 어느덧 거절당하지 않는 방법도 깨닫게 된다. 그는 이 경험을 통해서 거절과 실패에도 불구하고 시도하고 경험하고 배우는 삶의 방식을 전파하는 사람이 되었다.

어떤 사람은 모든 것에 '노우'를 해야 한다고 하고, 어떤 사람은 모든 것에 '예스'를 해야 한다고 한다. 어떤 사람은 돌다리도 두드려보고 건너야 한다고 하고, 어떤 사람은 모든 것은 신의 뜻이니 그냥 주어지는 대로 받아들여야 한다고 한다. 어떤 사람은 누가 뭔가를 하자고 하면 직감에 따라서 할지 말지 결정하고, 어떤 사람은 누가 뭔가를 하자고 하면 논리적으로 꼼꼼히 따져보고 나서야 결정한다. 어느 쪽이 되었건 한 가지 방식만 옳다고 믿는 사람들은 자신의 방식만을 몸에 익히고 다듬고 거기에 적응해 왔기 때문에 다른 방식에 대해서는 잘 모른다.

위의 '거절' 프로젝트가 그에게 새로운 삶의 지평을 열어준 이유는, 지금까지 해보지 않은 새로운 삶의 방식을 선택하고 경험함으로써 기존의 익숙한 삶의 방식과 통제하려는 마음을 내려놓게 되었기 때문일 것이다. 우리가 익숙한 궤도에서 벗어나는 것은 그 궤도에서 벗어나겠다고 무조건 '열심히' 노력만 한다고 되는 일이 아니다. 힘을 빼고, 통제하려는 마음을 내려놓고, 의심과 두려움에도 불구하고 가보지 않은 그곳으로, 모름의 길로, 창조성의 영역으로 나아갈 때만 그 궤도에서 벗어날 수 있으며, 바로 그때 산을 접고 땅을 접어 새로운 지형으로 나아갈 수 있다.

사람들은 자기가 알고 있는 세상이 무너져 내리기 전에는 설령 자기가 절벽에 서 있을지라도 그곳에서 뛰어내리지 않으려고 한다. 자기가 서 있는 땅이 무너지고 있고, 뒤에서 적들이 바짝 쫓아오고 있으며, 하늘에서 천둥번개 정도가 내리쳐야, 다시 말해 더 이상 아무런 대안이 없을 때쯤 되어서야 무너지고 있는 곳에서 뛰어내리는 모험을 감행한다.

축지법의 묘미는 절벽에서 뛰어내리는 순간 땅이 접혀서 절벽 위에서는 전혀 예상치 못한 다른 곳에 착지한다는 데 있다. 그런데 뛰어내리지 않는다면 어느 곳에도 착지할 수 없다. 달리 말하면 내가 붙들고 있던 프레임을 탁 하고 놔버려야 지금껏 알지 못했던 새로운 프레임을 접할 수 있는 것이다.

예를 들어 집안일 때문에 식구들과 자꾸 싸운다고 할 때 축지법을 쓴다면 어떤 방법이 가능할까? 음식을 남기는 게 문제라면, 절에서 하는 것처럼 음식을 각자의 그릇에 덜어서 먹고 마지막으로 숭늉을 부어 남은 음식 찌꺼기를 다 씻어서 마시는(그래서 남는 음식이 없고 설거지가 필요 없는) '발우 공양' 방식을 쓰는 방식이 있을 것이다. 아침에 일어나 이불을 개지 않는 것이 문제라면 이불 대신 침낭을 쓸 수 있다. 생수통의 물이 다 떨어졌을 때 누가 통을 갈아놓느냐로 싸운다면 생수통을 없애고 직수관을 설치하거나 수돗물을 그냥 마시는 방법이 있다.

아이가 학교를 가네 마네 하는 문제로 싸운다면 학교를 가고 싶어도 갈 수 없는 곳으로 이사를 간다거나 학교를 가고 싶지 않아도 갈 수밖에 없는 상황을 만든다. 또 아이가 게임을 너무 많이 하는 문제로 싸운다면 인터넷이 안 되는 곳으로 이사를 가거나 아이가 왜 게임을 그렇게 좋아하는지 같이 게임을 해볼 수도 있다. 남편이 거실을 독차지하고 누워서 혼자 텔레비전을 보는 것이 꼴 보기 싫다면 텔레비전을 없애고 온 가족이 좋아하는 안마 의자를 들여놓을 수 있다.

이 방법들은 모두 상황을 재설정해 문제를 해결하는 것들이다. 이렇게 할 수 있기 위해서는 프레임의 네모 바깥을 생각할 수 있는 상상력과 대담한 선택이 필요하다. 심리학자 최인철은 프레임이란 설계의 영역이라면서 다음과 같이 말한다.

> "프레임은 다양한 형태를 지닌다. 우리의 가정, 전제, 기준, 고정 관념, 은유, 단어, 질문, 경험의 순서, 맥락 등이 프레임의 대표적인 형태다. 사람들은 흔히 프레임을 '마음가짐' 정도로만 생각한다. 그래서 좋은 프레임을 갖추기 위해서는 좋은 마음을 가져야겠다고 '결심'한다. 그러나 프레임은 결심의 대상이라기보다는 '설계'의 대상이다. 프레임 개선 작업은 나의 언어와 은유, 가정과 전제, 단어와 질문, 경험과 맥락 등을 점검한 후에 더 나은 것으로 설계하고 시공하는 작업을 요한다."[5]

서른 살의 강수 씨를 처음 만났을 때 나는 그의 말투를 잘 알아들을 수 없었다. 자폐가 있는 그는 만화 영화 속 등장인물 같은 말투로 말을 했다. 내가 강사 중 한 명으로 참여해 3개월 동안 진행이 된 '지적 장애인 예술가를 위한 에이블 아트able art 수업'에 그는 매주 한 번씩 정확히 4시에 나왔다가 정확히 6시가 되면 돌아갔다. 그는 수업 내내 무표정이었지만, 종이와 연필이 주어지면 놀라운 속도로 정말 정교한 그림들을 쓱쓱 그려나갔다.

수업이 진행되면서 그가 그리는 만화 주인공에 대해서도 더 알게 되고 그의 독특한 말투에도 익숙해지면서 우리는 조금씩 더 편해졌다. 100년 동안 이 수업에 오겠다는 말은 계속 수업에 나오고 싶다는 말이고, 이면지를 달라는 것은 큰 도화지를 달라는 말이란 것도 알게 되고, 무엇을 그릴지 생각나지 않을 때는 숫자를 1, 2, 3, 4…… 쓰거나 도형을 삼각형, 사각형, 오각형…… 반복해서 그린다는 것도 알게 되었다.

그러던 어느 날 그는 늘 하던 것처럼 만화 주인공들을 쓱쓱 그리고 있었고, 나는 바로 옆자리에 앉아서 그가 그리는 만화 주인공 캐릭터의 이름과 특징을 외우고 있었다. 그렇게 같이 있는 게 매우 편하구나 생각하고 있었는데, 강수 씨가 큰 종이에 엄청 빠른 속도로 글을 가득 썼다. 뭐라고 썼는지 읽어달라고 하니 그가 아무런 표정 변화도 없이 큰소리로 노래를 부르듯 글을 읽었다.

> 일어나요, 바람돌이 모래의 요정.
>
> 이리 와서 들어봐요, 우리의 요정.

우주선을 태워줘요, 공주도 되고 싶어요.

어서 빨리 들어줘요, 우리의 소원.

"얘들아! 잠깐! 소원은 하나씩."

하루에 한 가지 바람돌이 선물,

모래 요정 바람돌이 어린이의 친구.

카피카피 룸룸 카피카피 룸룸.

이루어져라!

모래 요정 바람돌이 신기한 친구.

가자 가자 미래로, 재밌는 여행.

놀라운 순간이었다. 그가 나의 존재에 대해 아무런 반응도 하지 않는다고 생각했는데, 실은 나와 소통하고 있었던 것이다. 나는 우리가 서로에게 조율하고 있었고 우리 사이에 마법이 일어난 사실을 그가 '모래 요정 바람돌이' 주문을 통해서 알려주었음을 직감했다. 이 날부터 내 머릿속에서는 바람돌이의 주문 '카피카피 룸룸'이 계속 맴맴 돌았다. 마치 이것이 진짜 신성한 주문이라도 되는 것처럼, 정말 소원이 이루어질 것처럼 나는 계속 이 주문을 읊었다.

신선술과 관련해 최고의 경전으로 꼽히는 《육갑천서六甲天書》에는 축지법 수련의 마지막 단계 때 주문을 일곱 차례 반복해서 외워야 한다고 말하는데, 그 주문은 바로 "일보백보 기지자축 봉산산평 봉수수확 봉수수절 봉화화멸 봉지지축 오봉삼산구후 선생율령섭"(一步百步 基地自縮 蓬山山平 逢水水涸 逢樹樹折 逢火火滅 逢地地縮 吾奉三山九候 先生律令攝)이다."[5] 싸움의 축지법에도 주문이 있어야 할 것 같아서 나는 바람돌이의 주문에 영감을 받아 다음과 같은 주문을 만들어보았다. 우리도 싸움의 축지법 주문을 일곱 차례 반복해서 외워보자. 그러면서 익숙한 프레임의 네모 바깥으로, 모름과 창조성의 영역으로 성큼 나아갈 수 있기를 마음속으로 바라보자.

가비가비륜륜 가비가비륜륜(可飛可飛踰踰 可飛可飛踰踰)

가피구전 가작신관 가비가비륜륜(可避久戰 可作新關 可飛可飛踰踰)

"날 수 있다, 날래게 걸을 수 있다.

날 수 있다, 날래게 걸을 수 있다.

오래된 싸움에서 벗어날 수 있다.

새로운 관계를 만들 수 있다.

날 수 있다, 날래게 걸을 수 있다."

(可 가능할 가, 飛 날 비, 踚 날래게 걸을 륜, 避 피할 피, 벗어날 피, 戰 싸움 전, 作 지을 작, 새로운 것을 만들 작, 新 새로울 신, 關 관계 관)

6. 싸움의 기술:
최고가 아닌
최후의 방법

손자병법:
싸우려면 위태롭지 않게

"행동할 때는 질풍처럼 빠르게, 서행할 때는 숲처럼 고요하게, 침략할 때는 불처럼 왕성하게, 움직이지 않을 때는 산처럼 진중하게, 숨을 때는 어둠처럼 안 보이게, 움직일 때는 우레처럼 거세게 하라."(其疾如風, 其徐如林, 侵掠如火, 不動如山, 難知如陰, 動如雷震.)[1]

"유단잔가? 처언천히 들어와 봐. 마치 봄에 꽃이 피듯이……

아니 더 천천히. 니가 생각해도 이건 너무하다 싶을 정도로 처언천히……"[2]

'싸움의 기술' 마무리로 고수의 한 방을 기대했을 독자들에게 미안하다. 한 칼에 벚꽃들이 흐드러지게 날리고 달무리가 싹둑 베여 나가는 듯한 무협지적인 결말을 내려야 할 것 같은데, 나로선 상대방을 한 칼에 제압하거나 싸움을 시원하게 끝내줄 최고의 기술이 뭔지 잘 모르겠다. 그 대신 비록 최고의 기술은 아니지만 최후에 쓸 만한 기술들을 여기에서 소개하고자 한다.

관계 안에서의 싸움은 싸우기 전에 미리 준비를 하거나 계획을 세워놓고 한다기보다는 대부분 우연찮게 터져 나와서 하는 것 같다. 이러한 싸움에서는 '터져 나온 그것'이 핵심이지 그 결과로 누가 이겼고 누가 졌는지는 중요하지 않다. 우리는 자신과 연결되어 있는 사람과 주로 싸우기 때문에, 싸움이 끝나고 나면 내가 쓰러지든 상대방이 쓰러지든 결과와 상관없이 두 사람 다 마음이 아플 수밖에 없다.

예를 들어 어린 시절 자신을 잘 돌보지 않은 부모에 대한 원망으로 평생 괴로워하다가 어른이 되어 부모와 한바탕 싸우고 나서 부모로부터 사과를 받았다고 해서, 다시 말해 싸움에서 이겼다고 해서 그 결말이 결코 해피엔딩은 아닐 것이다. 자녀는 평생 원하던 부모의 사과를 받았을지는 모르지만, 동시에 고개 숙이며 미안해하는 부모를 바라보기란 결코 편치 않을 것이다. 또 부부나 애인이나 친구와 싸워서 상대방이 잘못을 인정하고 사죄한다고 해도 기분이 좋지는 않을 것이다. 자칫하면 자신이 옳았음을 증명하고는 관계를 잃을 수 있다.

그럼에도 불구하고 관계를 잃을 각오를 하고서라도 자신의 존엄을 지키기 위해서 싸워야 할 때가 있다. 관계에서 오는 따뜻함과 안락함을 포기하고서라도 나의 자유와 존재를 지켜야 할 순간인 것이다. 이는 누군가 자신에게 폭력을 휘두르는 경우에도 마찬가지다. 그런 순간에 싸우지 않고 회피하다가는 중요한 것을 잃을 수 있고, 그 위태로운 관계를 유지하기 위해 할 말을 못한 채 오랫동안 숨죽이고 살아야 할 수도 있다.

어렸을 때 '왕따' 경험을 한 사람이 청소년이 되거나 성인이 되어서 많이 하는 말은 "그때 왜 싸워서 이기지 못했을까?"가 아니다. 그때 "왜 말 한마디 못했을까?"이다. 이렇게 말 한마디도 못해보고 왕따 경험을 한 사람의 마음에는 커서도 사라지지 않는 깊은 상처가 남지만, 대들고 싸워서 진 사람에게는 마음의 상처가 그렇게 깊게 패이지는 않는 것 같다. 이는 싸움에서 이기고 지는 것이 문제가 아니라, 스스로 자기를 보호하는 임무를 다하지 못했다는 생각이 들기 때문이 아닐까 싶다.

싸우는 것도 아니지만 싸우지 않는 것도 아닌 예는 많다. 수동 공격적인 행동을 하거나, 상대방으로 하여금 싸움을 걸어오게 만들거나, 분노를 몸짓이나 다른 무언의 언어로 표현하고 있는 경우들이다. 우리는 이렇게 싸우면서도 싸우지 않는다고 생각하기 때문에 싸움에 대한 논의를 하기가 어렵다. 어려서부터 싸움과 폭력은 늘 나쁜 것이다, 한쪽 뺨을 맞으면 다른 쪽 뺨도 갖다 대야 한다, 사랑은 인내이며, 사랑한다면 참아야 한다, 당하는 사람이 착한 사람이다…… 이런 메시지를 듣고 자란 사람들은 싸움을 걸어오는 자에 맞서 스스로를 지켜야 할 때조차 싸울 줄을 모른다.

싸움은 위험 부담이 있다. 약간의 분열이 있는 정도의 관계를 완전히 깨지게 할 수도 있고, 좋아하는 사람에 대한 환상을 깨뜨릴 수도 있다. 그렇기 때문에 싸움을 일부러 하는 사람은 없을 것이다. 특히 이 책에서 말하는 싸움의 주된 대상들인 친구, 애인, 부부, 가족 간의 싸움은 아군과 적군이 분명하지도 않을뿐더러 애당초 사랑으로 시작된 관계이니만큼 그 관계를 깨는 것이 싸움의 주된 목표는 더더욱 아니다.

그렇지만 가벼운 싸움 정도로 친구 관계나 연인 관계, 부부 관계가 쉽게 깨질 것 같다면, 어쩌면 그 관계를 계속 가져가지 않는 편이 좋을지도 모른다. 만약 지속적인 갈등 원인이 있음에도 인내와 외면과 참음으로 관계를 유지하고 산다면, 어쩌면 평생 동안

속을 끓이며 살게 될지도 모른다. 싸움은 피하고 싶은 것이긴 하지만, 가까운 관계 안에서 싸움은 피하기 어려운 때도 있고, 또 피해서는 안 될 때도 있다. 아무리 싸움을 크게 키우지 않는 방법을 연마하고, 한 가지 주제에만 집중해서 싸우는 연습을 하고, 낙법을 배우더라도, 싸움은 싸움이다. 공격이 있고, 수비가 있고, 버티기가 있고, 후퇴가 있다.

오랜만에 한 친구를 만나서 싸움의 기술에 대해 이야기를 나누게 되었는데 온순한 성격의 그 친구가 느릿느릿 이런 말을 했다.

"싸움이 일어나고 있다는 것을 아는 것이 정말 중요한 것 같아. 상대방이 싸움을 걸어오고 있는데 그것을 모르니 제대로 방어도 못하고, 반격은 더더욱 못하고, 그들의 공격 앞에서 열심히 설명과 해명만 하고 있더라고. 상대방이 싸우려고 작정하고 이미 칼날을 세우고 달려들고 있는데 자기만 싸움이 시작되었다는 걸 몰라. 아니면 알고 있으면서 회피하고 있거나…… 자기가 지금 싸우고 있다는 걸 깨닫고 공격 태세건 방어 태세건 취해야 하지 않을까?"

한 대학 강사가 대학원 박사과정 학생에게 내준 리포트 점수 때문에 논란이 인 적이 있다. 실습 내용을 바탕으로 써야 하는 리포트 과제에 남이 쓴 글들을 짜깁기해서 낸 학생에게 그 강사는 C학점을 주었다. 그랬더니 그 학생은 몇 달 동안 강사에게 협박 전화와 문자를 보냈다. 그의 삶과 커리어를 망가뜨리겠다는 내용과 고소를 하겠다는 내용이었다. 그러던 어느 날 그 강사는 도를 넘은 협박과 욕설을 듣고 처음으로 단호한 목소리를 냈다.

"변호사 알아보고 있으니 고소하시지요. 법정에서 만납시다."

그랬더니 놀랍게도 상대방이 확 꼬리를 내리고 발톱을 집어넣는 게 아닌가?

"아이고 교수님, 왜 그러세요? 우리가 처음부터 밥도 먹으며 좋게 이야기했으면 좋았을 텐데요. 오해가 있었어요, 그지요?"

그러고는 바로 협박을 멈췄다. 싸우기로 작정하자 싸움이 끝났다.

약 2,500년 전, 중국의 춘추 시대에서 전국 시대로 넘어가는 격변기에 병법가로 활동한 손자孫子라는 사람이 있다. 공자孔子와 거의 동시대 사람인 그는 우리에게 《손자병법孫子兵法》으로 잘 알려져 있다. 춘추 시대에는 전쟁이라는 것이 상대방을 정복하기보다 항복을 받아내는 것이 중요했고, 그래서 서로 전력을 드러내놓고 기량을 겨루는 기예의 성격이 컸다고 한다. 하지만 전국 시대로 넘어가면서는 영토를 빼앗는 생존을 위한 전쟁이 되었고, 당시 140여 개의 크고 작은 제후국들은 대부분 전쟁이라는 소용돌이 속에 빠져 있었다고 한다. 난세 중의 난세로 어느 누구도 전쟁을 피할 수 없던 이 격변의 시기가 《손자병법》의 배경이다.[3]

병법을 처음 저술하던 당시 그는 군인이 아니라 생계를 위해서 농사를 지으며 혼자서 공부하는 철학자였다. 다만 학자이자 군인 집안의 후손이어서 귀한 병서들을 마음껏 읽을 수 있었다고 한다. 이러한 성장 배경은 그의 병법에 많은 영향을 미쳤다고 하는데, 농부로서 자연스럽게 터득한 자연에 대한 이해 또한 《손자병법》 여기저기에 많이 녹아들어 있다고 한다.

도교 철학에 바탕을 두고 있는 그의 세계관은 공자가 도덕과 윤리와 사회 규율을 중요시하는 것과 달리 사람과 자연과 우주가 조화를 이루는 것을 중요시한다. 도교에서는 태극 속의 음陰과 양陽이 서로 맞물려 돌아가는 것처럼 선과 악은 상반된 요소가 아니라 상보相補하는 요소들로서 절대적이지 않고 상대적이며 서로 연관 관계가 있다고 본다. 그렇다 보니 《손자병법》에서 말하는 병술兵術 가운데 절대불변의 규칙은 없으며, 이쪽과 저쪽의 관계의 흐름에 따라 그리고 형세와 지형에 따라 병술이 그때그때 변화한다.[4]

《손자병법》을 통틀어 반복되는 주제 가운데 첫 번째는 함부로 싸우지 말고 신중하라는 것이고, 두 번째는 싸우거든 이기라는 것이며, 세 번째는 영리하게 싸우라는 것이다. 손자는 "전쟁의 최상책은 적의 계략을 치는 것(伐謀)이고 차선책은 적의 외교를 치는 것(伐交)이며, 그 다음이 적의 군사를 치는 것(伐兵)이고, 최하책이 적의 성을 (직접) 공격하는 것(攻城)이다"라고 했다. 그는 특히 이길 수 없는 싸움은 애초에 하지 말라고 한다. 이길 싸움만 하고, 심지어 "승리란 이미 패배한 자를 상대로 거두는 것"이라고까지 그는 말한다.

그리고 《손자병법》을 통틀어 가장 유명한 구절이 〈모공편謨攻篇〉에 이렇게 나온다.

> "적을 알고 나를 알면 백 번 싸워도 위태롭지 않다. 적의 상황을 모르고 나의 상황만 알고 있다면 한 번은 승리하고 한 번은 패배한다. 적의 상황을 모르고 나의 상황도 모르면 매번 전쟁을 할 때마다 필히 위태로워진다."(知彼知己, 百戰不殆, 不知彼而知己, 一勝一負, 不知彼不知己, 每戰必殆.)

이 구절 가운데 '지피지기 백전불태知彼知己 百戰不殆'를 '지피지기 백전백승知彼知己 百戰百勝', 즉 "적을 알고 나를 알면 백 번 싸워 백 번 다 이긴다"라고 잘못 알고 있는 경우가 많은데, 원문은 '이긴다'가 아니라 '위태롭지 않다'이다.

《손자병법》을 현대에 적용해서 해설한 책들은 이 대목을 '이기는 멘탈', 즉 각오나 정신무장이 필요함을 역설한 것으로 풀이한다. 단순히 '이기고 싶다'는 마음이 아니라 이겼을 때 펼쳐질 상황을 구체적으로 머릿속에 그리고 만반의 준비를 해야 한다는 식으로 이해하는 것이다.[5] 하지만 '필승必勝'과 '불패不敗'와 '불태不殆'는 미묘한 차이가 있다. 아무리 전력이 우세하고 정신적으로 만반의 준비를 했다고 하더라도 적과 부딪쳤을 때 예기치 못한 상황이 발생할 수 있기 때문이다. 이 점에서 '필승'은 적에게 달렸고 '불패'는 자신에게 달렸으며, 적을 알고 나를 알면 '불태', 즉 위태롭지 않다는 손자의 말을 잘 살펴볼 필요가 있을 것 같다.

나는 싸우지 않고자 했기 때문에 수많은 싸움을 회피했다. 또 싸움에 휘말려 있음에도 불구하고 싸우지 않으려 함으로써 상대방 혼자 외롭게 싸우게 하거나, 스스로를 지켜야 할 상황에서 자신을 지키지 못하고 상대방으로부터 당하고는 억울해했다. 이런 나에게 《손자병법》은, 싸우고자 작정을 하기에 싸우지 않고 이길 수 있다, 이기지는 않더라도 지지도 않을 방법이 있다고 말해준다. 다음은 《손자병법》에서 영감을 받아 정리한, 나처럼 웬만하면 싸움을 피하면서 살아온 사람들, 특히 여성들을 위한 위태롭지 않은 전략, '불태'의 기술들이다.

다 이겨놓고 싸운다

싸움은 다 이겨놓고 하는 것이라고 했다. 그런데 만약 스스로를 피해자나 약자로 본다면 싸우지 않아도 이미 진 것이다. 크게 노력하지 않고도 힘을 과시하고자 하는 자들은 힘이 없거나 저항하지 않는 자들을 먹이로 삼는다. 그렇기에 먼저 나약하고 순진한 이미지를 버리고, 나와의 싸움이 생각처럼 쉽지 않으리라는 메시지를 보내며, 대담한 행동으로 기선을 제압할 필요가 있다.

기선 제압은 호락호락하지 않다는 이미지를 보이기 위한 것으로 눈빛, 목소리, 자세 등을 통해서 한다. 두 발로 단단히 서서 가슴을 열고 눈을 똑바로 쳐다보며 단호한 목소리로 짧게 말하는 연습을 해보자. 소리를 지를 필요도, 길게 말할 필요도 없다. 동물들은 싸우기 전에 경고성 위협을 한다. 이빨을 드러내고 으르렁거리는 것이지 진짜 물어뜯는 것은 아니다. 대부분 이 단계에서 싸움이 끝나는데, 이는 사람들 간의 싸움에서도 적용할 수 있다. 왜냐하면 위에서도 말했지만, 힘을 과시하고자 하는 이는 쉬운 상대를 골라 손쉽고 간단하게 승리를 얻고자 하기 때문이다.

그래서 저항을 포기한 사람은 먹잇감이 되기 쉽다. 경고성 위협은 자신과의 싸움이 생각만큼 쉽지 않으리라는 것을 알려주는 것이다. 자신을 괴롭히거나 싸움을 걸어온다면 강하게 반격을 가할 것이라는 의지를 전달해야 하고, 그러려면 그런 의지가 분명히 있어야 한다.

직접적으로 부딪쳐 싸우는 것은 하수下手의 방식이고, 고수高手는 상대방의 계략을 공격한다고 했다. 즉 전술가가 아니라 전략가가 되어야 승리를 얻을 가능성이 높다는 말이다. 연인, 부부, 가까운 친구나 동료 같은 관계 안에서의 싸움은 특히 더 이성적이 되기 힘들다. 무의식적인 소망과 비이성적인 인간의 욕망, 거기에 어린 시절에 해결하지 못한 결핍의 드라마가 뒤섞여 있다. 그런데 그 뒤죽박죽인 감정 안에 들어가 있으면 전략가답게 이성적인 힘을 쓰기가 힘들다. 전체를 조망하고 관망할 수 있어야만 한다. 다시 말해 나무가 아닌 숲을 보아야 한다. 그러려면 감정에서 어느 정도 빠져나와 전체의 패턴을 보고, 패턴을 뒤집을 전략을 짜야 한다.

시어머니가 바리바리 싸서 보내주시는 음식 때문에 괴롭다는 며느리의 이야기를 여러 번 들었다. 결국은 그 음식으로 인해 남편과 부부싸움을 벌이게 되었다는 이야기다. 신혼 때에는 시어머니가 아들을 사랑하는 마음으로 음식을 보내주는 거라고 이해를 했지만, 나중에는 그 음식이 사랑이 아니라 집착의 증거가 되었다. 결국 아들을 시어머니와 분리시키고 싶은 부인이 그 음식을 버렸고, 버린 음식을 본 남편이 격분하게 된다. 음식은 너무나 많은 상징성을 가지고 있어서 받자니 버겁고 버리자니 죄스럽다. 이것은 아주 많은 부분에서 감정적인 싸움을 불러일으킬 수 있는 주제이다.

그러니 하수처럼 시어머니와 직접 부딪쳐 감정의 벌집을 쑤실 것이 아니라, 차가운 머리로 전략을 짜보자. 예를 들어 김치냉장고를 없앤다거나, 냉장고를 작은 것으로 바꾼다거나, 시어머니가 보내준 음식을 먹을 수 없는 식이요법을 한다거나, 받은 식재료로 요리를 해서 다시 돌려드린다거나(채소를 주시면 주스로 갈아서 돌려주거나, 김치를 받는다면 김치찜을 해서 드린다거나 하는 방식으로 따뜻하고 정성스럽게 거절하는 것이다), 음식을 택배로 받는 대신 시댁에 찾아가서 원하는 것만 골라서 가져온다거나 한다. 어떤 방법이든 이성적인 전략가가 되어, 문제를 일으키는 패턴을 중단시키거나 변화시킬 수 있는 과정을 디자인해 보자.

통제력을 잃지 않는다

새로운 사람을 만나서 좋은 관계를 만들고자 할 때 우리는 상대방을 통제하려는 마음을 내려놓고 서로의 리듬에 자신을 맞추려고 한다. 서로의 영향과 이끌림에 자신을 내맡기며 움직이는 것은 매우 즐거운 경험이다. 하지만 싸우기로 작정한다면 통제력을 잃어서는 안 된다. 상대방의 말이나 행동 하나하나에 계속 반응하면 주도권을 잃게 된다. 전체 맥락을 놓치지 않고 주도권을 잃지 말아야 하며, 그러기 위해서는 단편적인 세부 사항에 대한 자동반응이 올라오는 것을 무시하고 이 싸움의 목표를 기억해야 한다.

피해를 감수하고, 용기를 키운다

싸움에는 적건 크건 피해가 따른다. 신중하게 결정하고 준비한다. 즉 욱하거나 몰려서 어쩔 수 없이 싸움에 들어가지 말고, 이 싸움의 목표가 무엇인지, 이 싸움에서 이기기 위해서는 나의 무엇을 걸어야 하는지 확실하게 하자. 그래야 싸움에서 이겼다고 우쭐거리지 않고, 싸움에서 졌다고 배신감, 실망감, 죄책감 등을 겪지 않는다.

전쟁은 형세의 싸움, 즉 자세와 태도의 싸움이다

학자들은《손자병법》에서 중요하게 다루는 '형세'에 대해서, '형形'은 힘의 정적인 물리적 상태를 가리키고 '세勢'는 그 형이 움직여서 동적으로 변화하는 힘을 가리킨다고 해석한다.[6] 달리 말하면 '형'은 물리적인 배치 또는 자세이고, '세'는 그 배치가 움직이는 힘 또는 태도라고 할 수 있다.

이기려고 작정하는 싸움에서는 폼을 잃거나 '모양이 빠지면' 무조건 불리하다. 나의 급소를 드러내는 것만큼 모양이 빠지는 일도 없다. 무시당한다고 흥분하거나 상대방을 비아냥거리는 것은 모두 자신의 급소를 드러내는 행위이다. 손자는 언덕 위에 위태위태하게 자리를 잡고 있는 바위나 팽팽하게 당겨진 활시위처럼 잠재적 힘을 가진 상태가 '세'라고 말했다. 관계 안에서의 '세'는 팽팽한 긴장 상태를 말한다. 싸움을 하기로 작정했다면, 관계 안에서 불편한 긴장이 생겼을 때 그것을 바로 해소하려고 행동하는 대신 팽팽한 그 긴장감을 참을 수 있어야 한다. 즉 불편한 마음에 그냥 먼저 미안하다고 말해버린다거나, 어줍지 않게 용서를 하려 한다거나, 미안하다고 말하라고 상대방을 압박한다거나, 대충 이해하고 넘어가려고 해서는 안 된다.

또한 타인에게 의존하는 마음이 있어서 상대방이 나의 긴장감을 풀어주기를 바랄 수 있는데 그런 바람도 내려놓는다. 의존은 온갖 감정(배신감, 실망감, 좌절감)에 취약하게 만듦으로써 우리의 심적 균형을 깨뜨리며, 그 결과 급소를 노출시키게 만든다. 그 대신 이길 수 있다는 자신감과 무슨 일이 있어도 나를 지키겠다는 의지를 가지고, 활의 줄을 팽팽히 잡아당겨야 한다.

다른 방도가 없다면 스스로를 사지로 몬다

손자는 전세가 위태로운 상황에서 병사들이 사기를 잃고 도망가려고 할 때 자신의 군대를 사지死地에 몰아넣으라고 했다. 사지란 사방이 막혀서 어디로도 탈출할 경로가 없는 지형을 말하는데, 퇴각할 길이 없을 때 병사들은 죽음이 당면했음을 뼛속 깊이 느끼고 마지막 힘을 다해 싸우게 된다는 것이다.

반복적으로 같은 싸움을 계속 하고 매번 자신을 지키지 못해 스스로에게 죄책감을 가지고 있다면, 더 이상 물러설 수 없도록 단 한 가지 선택지만 남겨둔다. 슬그머니 꼬리를 내리고 퇴각하지 않기 위해서는 돌아가는 다리를 폭파해야 한다. 스스로 배수지진을 치는 것이다. 더 이상 물러설 수 없을 때 우리는 앞으로 밀고 나갈 수밖에 없다.

전투에서 패배하더라도 전쟁에서는 지지 않는다

살면서 겪는 모든 인간 관계의 갈등을 통틀어 전쟁이라고 본다면, 각각의 전투는 그것을 위한 훈련이다. 사람들은 누구나 자신이 성숙하고 이성적인 판단을 한다고 생각하지만, 어떤 부분에서는(특히 이성 관계에서는) 전혀 득이 안 되는 비이성적인 선택을 반복하는 경향이 있다. "뭔가 내면의 악마가 시키기라도 한 것처럼 똑같은 유형의 좋지 못한 상대를"[7] 계속해서 고르는 것이 바로 그런 예이다.

과거의 관계들을 회상하며 "내가 미쳤던 것 같아"라고 말할 때가 얼마나 자주 있는가! 그와 같이 자기 발등을 찍은 선택들, 그 패배한 전투 경험들을 좋은 훈련으로 삼아 다음 싸움에서 되풀이하지 않도록 한다.

이 책을 시작하면서 모든 싸움은 사랑 이야기라고 했다. 우리는 사랑하는 그 관계를 지키기 위해서 싸운다. 나는 그 싸움들 중에서도 자기를 지키는 싸움이야말로 가장 궁극의 사랑 이야기가 아닐까 싶다. 상담사로 일하면서 "나 자신을 사랑하세요"라는 말이 무슨 말인지 모르겠다며 설명해 달라는 사람들을 종종 만나보았다. 그때는 참 뭐라고 대답하기 어려웠는데, 이제는 적어도 한 가지 답은 줄 수 있을 것 같다. 나는 그런 사람들에게 "나를 위해서 싸워보세요. 나를 지키기 위해서 싸우고, 그 싸움에서 스스로를 지켜낸다면, 나를 사랑한다는 것이 무엇인지 알 수 있게 될 거예요"라고 말해주고 싶다.

사랑은 절대 중립적인 감정이 아니다. 늘 따듯하고 부드럽고 온화한 날씨 같지만은 않다. 사랑하는 대상(자신을 포함하여)을 지키기 위해서 싸움을 마다하지 않게 하는, 폭력과 밀접한 인간의 감정이 사랑이기도 하다. 수많은 문학과 역사에서 사랑은 결투를 불러왔고, 사랑을 지키기 위한 폭력은 용납이 되지는 않더라도 이해가 되기는 했다. 그렇기 때문에 폭력의 배경에는 사랑이 있다고 주장하는 학자들도 있다.

일본의 저명한 영장류 학자 야마기와 주이치山極壽一는 《인간 폭력의 기원》이란 책에서 다음과 같은 이야기를 전한다. 그는 1996년과 1997년에 있었던 르완다의 내전 당시 그 지역을 방문했다. 오랜 시간 조사해 온 고릴라가 이 분쟁 지역 숲에 살고 있었기 때문이다. 그때 그곳에서 그가 만난 소년병의 이야기는 가슴을 먹먹하게 한다.

"그 와중에 만난 소년병의 표정을 나는 잊을 수 없다. 총이 무거워 보였지만 소중하게 가슴에 안고 한껏 위엄을 부리면서 그들은 내 차와 짐을 조사했다. 그 도전적인 눈빛과 굳은 표정에서 함부로 말을 걸 수 없는 분위기를 느꼈다...... 비상시가 아니라면 학교에 가서 동무들과 즐겁게 지내고 있을 소년들이 왜 이런 곳에 있는 것일까? 그들은 결코 강제로 전쟁터에 끌려와 있는 게 아니었다. 나는 어떻게든 그 이유를 알고 싶었다. 왜 이 전투에 가담했느냐고 묻는 나에게 그들은 이글거리는 눈을 치뜨며 가족이 학살당했기 때문이라고 대답했다. 그때 비로소 아, 여기에 싸움의 원점이 있구나 하는 감을 잡았다.

싸움은 극한의 파괴임과 동시에 극한의 사랑 표현이기도 했다. 고통 속에 죽어간 가족의 원한을 갚아주려는 집념은 강해진다. 나아가 전쟁으로 위험에 처한 가족의 안전을 지키기 위해 참전한다는 동기는 정당화된다. 그것이 가족에 대한 사랑을 표현하는 최고의 방법으로 여겨지기 때문이다...... 전선으로 가는 병사들이 품고 있는 것은 자신의 희생적 행위가 사랑하는 이들의 안전과 행복을 가져다줄 것이라는 신념이다. 전쟁을 기획하는 자들은 그런 의식을 부추기려고 기를 쓴다. 바로 그 때문에 전쟁을 막기도, 중단시키기도 어려워지는 것이다."[8]

인간의 가장 높은 가치인 사랑과 공감이 폭력과 전쟁으로 연결된다는 주장이 충격적이다. 하지만 이것은 인류 역사를 통틀어 반복된 이야기라는 점을 인정하지 않을 수 없다. 우리는 사랑하는 것을 지키고자 하며, 그것을 위해서 싸움도 불사한다. 사랑하는 것을 지키기 위해서 싸움을 하는 것이 좋은 것인지 좋지 않은 것인지, 그것을 하라고 하는 것이 도덕적인 것인지 비도덕적인 것인지 말하기는 쉽지 않다. 하지만 확실한 것은 우리는 싸움을 통해서 자기가 지키고자 하는 그것에 대한 사랑을 증명한다는 사실이다.

삼십육계:
도망간다

한 친구가 내 책상에 놓인 여러 권의 《손자병법》 해설서들을 쓱 보더니 "최고의 싸움의 기술은 뭐니 뭐니 해도 삼십육계지!"라고 말을 툭 던지고 간다. 삼십육계? 도망가라고?

《삼십육계》는 중국의 병법서로, 서른여섯 가지의 병법을 여섯 항목으로 나누어 정리한 책이다. 가끔씩 《손자병법 36계》라고 알려져 있기도 하나 《손자병법》과는 전혀 다른 책이다. 이 책이 만들어진 시기는 분명하지는 않지만, 대개 이전부터 전해 내려오던 것을 17세기 명나라 말에서 청나라 초기에 수집하여 만든 것이라고 한다.[9] 그런데 《삼십육계》는 《손자병법》에 비해서 높은 가치를 인정받지 못한다고 한다. 여기저기 흩어져 있는 내용들을 모아 놓은 것인데다 체계가 없고 특별한 철학이 담겨 있지도 않은 것이 그 이유라고 한다. 하지만 이 책에 담긴 기상천외한 속임수나 기만술은 너무도 기발하고 창의적이어서 '우와~' 하는 감탄을 자아낸다.

예를 들어 36계 중 29계인 '수상개화樹上開花'는 나무에 가짜 꽃을 피운다는 것으로, 허위로 진영을 배치해 실제보다 세력이 강하게 보이도록 하는 전술이고, 27계인 '가치부전假痴不癲'은 총명한 척하지 말고 어리석은 척 행동해서 몸을 보전한다는 전술이다. 또 20계인 '혼수모어混水摸魚'는 물을 진흙탕으로 만들어 물고기들이 앞뒤 분간을 못할 때 물고기를 잡으라는, 즉 상대를 혼란에 빠뜨린 뒤 기회가 오기를 기다려 목적을 달성하라는 말이다.[10] 《삼십육계》 중에서 마지막 부분이 '패전계敗戰計'이다. 상황이 불리할 경우 패배를 승리로 이끄는 방법을 모은 것인데, 그중에는 적진에 퇴

폐를 퍼트리기 위해 미인을 쓰라는 '미인계美人計'도 있고, 적으로 하여금 자신을 믿게 만들기 위해서 스스로에게 상처를 입히는 '고육계苦肉計'도 있다. 이 중에서 가장 유명한 것이 '패전계' 중에서도 맨 끝에 있는 36계 '주위상계走爲上計'이다.

강한 적과 싸울 때는 일단 도망을 친 뒤 다음 기회를 도모하라는 것인데, 그것은 모든 방법을 다 해보고 그래도 안 되면 도망치라는 뜻일 것이다. 공자를 따르는 유학자들은 도망가는 것을 구차하게 여겨서 도망가느니 스스로 목숨을 끊는 것을 더 높이 치곤 했다. 그런 사람들에게 도망가라는 말은 결코 받아들이기 쉬운 이야기가 아니었을 것이다. 그러나 '주위상계'는 단순히 도망가라고 하는 것이 아니다. 책에는 "불리하면 적을 피하는 것이 상책이다. 다음의 기회를 노린다 하여 잘못이 아니다. 이는 일반적인 용병用兵의 원칙에서 벗어난 것이 아니다"(全師避敵, 左次無咎, 未失常也)라고 되어 있다. 즉 도망가도 괜찮다고, 도망갈 수 있다고, 그래도 되는 거라고 말하는 것이다.

싸움의 순간, 우리는 싸움에 극도로 몰입하여 이 싸움을 끝내지 않으면 다음 단계로 넘어갈 수 없을 것 같다는 생각에 사로잡히고는 한다. 그래서 일단 칼을 뽑았다면 끝장을 보고자 한다. 오죽하면 "칼을 뽑았으면 무라도 썰어라"라는 농이 있을까?

싸움에 관한 최고의 고전인 《손자병법》과 《삼십육계》는 이기는 방법만을 논하고 있지 않다. 이기는 방법도 논하지만 그와 동시에 지고 있을 때 어떻게 피해를 최소화하고 살아남을지도 이야기한다. 문제는 우리가 싸움에서 지고 있으면서도 자리를 뜨지 못한 채 계속 당할 때이다. 전쟁의 병법서에서도 여차하면 도망가라는데, 우리는 왜 도망을 가지 않고 당하고 있을까? 지금 포기하면 다시는 이 싸움을 못할 것 같고, 이왕 시작한 싸움인데 끝을 보고 싶기 때문일 것이다. 또는 화나 억울한 감정이 쌓였다가 한꺼번에 터져 나오면서 그 증폭된 감정의 폭풍에 휘말려 있을 수도 있다. 또한 우리는 대개 가까운 사람들하고 싸우기 때문에 충분히 멀리 도망갈 수도 없어서 싸움이 지속되는 경우도 있다.

나는 싸우다 말고 도망치듯 물러나 있다가 다시 싸움을 시작한 경우들이 종종 있는데, 개중에는 마음이 활짝 열린 상태로 다시 싸움을 시작해 아주 깊은 대화로 싸움을 마무리한 적도 여러 번 있다. 마음이 활짝 열렸던 이유는 그 싸움과는 전혀 상관이 없는 일 때문이었다. 어떤 일이 있었는지 곰곰이 생각해 보니, 싸움을 쉬고 있는 사이에 나의 자아를 넘어서는 큰 존재 앞에서 경외심을 느끼거나(예를 들어 산에 올라갔거나 멋진 노을을 보았을 때 같은), 내 온 마음의 세포가 말랑말랑해지는 보살핌을 누군가로부터 받거나 했었다.

캐나다에서 고등학교를 다닐 때 영문학 선생님이 '경외심awe'이라는 단어를 설명해 주시던 것이 지금도 기억에 남아 있다. 선생님에 따르면 'awe'는 발음 그대로 '어~' 하고 놀라서 벌린 입이 닫히지 않는 순간, 숨이 멎는 순간을 가리킨다고 했다. 그러면서 선생님은 우리는 위대한 자연 앞에서, 위대한 예술 앞에서, 또는 위대한 사랑 앞에서 숨이 멎고, 에고의 한계를 넘어서며, 그것을 위해서 죽을 수도 있겠다는 생각을 한다고 했다. 경외심은 자아를 넘어서는 경험이라는 것이다.

경외심을 경험하고 나면, 바늘 하나 들어갈 틈 없이 자기 생각들만 가득하던 마음이 바다와 같이 넓고 관대해진다. 그런 넓은 마음일 때는 똑같은 문제로 의견이 부딪치더라도 전혀 다른 결과가 나온다. 에고의 경계를 넘어서게 하는 인간의 가장 숭고한 감정인 경외심을 경험해 보자. 자연의 놀라운 광경을 보는 것은 경외심을 경험하는 가장 좋은 방법이다. 그렇다고 해서 당장 그랜드 캐년을 가야 한다거나 지리산 종주를 해야 한다는 말은 아니다. 한 연구에 따르면 단순히 자연 다큐멘터리를 보는 것만으로도 경외심을 경험할 수 있고, 이 경험은 우울증은 물론 고립감과 외로움을 낮추는 데도 효과를 보였다.

산모가 아기를 낳을 때, 연인들이 포옹을 하고 키스를 할 때, 연약한 사람이나 동물을 보살필 때, 우리 몸에서 옥시토신이라는 신경 전달 물질, 즉 호르몬이 나온다. 옥시토신은 사랑과 신뢰의 감정을 높이며 코르티솔 등 스트레스 호르몬의 분비를 억제하고 긴장을 완화시킨다. 아기를 보거나 동물의 새끼를 보면 바로 마음이 말랑말랑해지는데 이때 분비되는 것이 옥시토신이다.

어느 나라에선가 국회에서 국회의원들이 얼굴에 핏대를 세우며 싸우고 있었다. 금방이라도 치고받는 폭력이 일어날 것처럼 다급하고 긴급한 상황이었다. 그런데 그 순간 국회의사당의 바닥을 한 아기가 기어갔다. 국회에서 일하던 엄마가 잠시 한눈파는 사이에 소란이 일어나고 있는 쪽을 향해 젖먹이 아기가 기어간 것이다. 난데없는 아기의 출현에 모두가 싸움을 멈췄다. 갑자기 어디서 온 천사 같은 아기의 모습에 의원들의 거친 마음들이 어디론가 싹 사라지고 "오~" "아~" 하는 감탄사들이 입에서 쏟아져 나왔다. 곧 엄마가 달려 들어와 아기를 안고 나갔지만, 책상을 박차고 일어나 싸우던 의원들은 머쓱해져서 자기 자리로 돌아가 앉았다.

가족들이 한창 싸우고 있는데 갑자기 새 한 마리가 집 안으로 날아 들어왔다. 열려 있는 창문으로 잘못 들어온 새가 밖으로 나가는 길을 찾지 못하고 다급하게 날갯짓을 하면서 이 창 저 창에 몸을 부딪쳤다. 가족들은 갑작스런 광경에 놀라 어리벙벙하다가 잠시 싸우던 것을 멈추고, 누구는 창문을 열고 누구는 방 문을 열고 누구는 빗자루를 들고 새를 밖으로 내보내려 애를 썼다. 다 같이 힘을 합쳐서 새를 구하고 나서는 서로를 바라보는데 다들 웃고 있었다.

생각지도 못한 순간 옥시토신을 분비시키는 이런 기적 같은 일이 일어나서 우리의 닫혀 있던 마음의 문이 활짝 열리고 그 순간 싸움이 멎는다! 싸움의 에너지가 보살핌의 에너지로 급전환되면서 더 이상 싸울 수 없게 되는 것이다. 하지만 싸우고 있는 와중에 이런 일이 일어나기란 쉽지 않으니, 기적을 기다리기보다는 기적을 만들어보자.

무대공포증이 있는 사람들에게 전해지는 기술이 있다. 연단에 섰을 때 자신을 바라보는 청중들이 속옷 차림이라고 상상해 보는 것이다. 처음 강의를 시작하면서 이 방법을 써본 적이 있는데, 상상력이 풍부한 나로서는 너무 웃겨서 좋은 방법이 아니었다. 하지만 이와 비슷하게, 서로 부딪침이 있는 상황에서 상대방을 아기로 상상해 보는 방법이 있다. 지금 나와 거친 감정을 주고받는 사람의 가장 여린 순간을 상상해 보는 것이다. 방어력이 전혀 없는 아이가 두려워서 저렇게 생떼를 쓰고 있는지도 모른다. 또한 딱딱한 얼굴로 인상을 쓰고 있는 내 안에도, 두려워서 떨고 있는 아이가 있음을 상상해 보자. 우리는 한때 모두 아기였다. 웃어도 울어도 화를 내도 사랑받던 아기였다.

간디메타:
눈치껏 버틴다

"버티는 삶이란 웅크리고 침묵하는 삶이 아닙니다. 웅크리고 침묵해서는 어차피 오래 버티지도 못합니다. 오래 버티기 위해서는 지금 처해 있는 현실과 자신에 대해 냉정하게 판단할 수 있는 훈련이 필요합니다. 그래야 얻어맞고 비난받아 찢어져 다 포기하고 싶을 때마저 오기가 아닌 판단에 근거해 버틸 수 있습니다. 요컨대 버틸 수 있는 몸을 만들자는 것입니다. 우리는 버텨야 합니다. 버티는 것 말고는 답이 없습니다. 어느 누가 손가락질하고 비웃더라도 우리는 버티고 버티어 끝내 버티어야만 합니다. 그래서 끝까지 남아야만 합니다."[11]

일인칭 슈팅 게임 중에 '배틀 그라운드'라는 게임이 있다. 2017년에 출시된 뒤 그 폭력성으로 계속 논란이 되고 있는 게임이다. 이 게임은 놀라운 그래픽 능력으로 진짜 전쟁을 하고 있는 듯한 착각을 일으키는데, 게임 속 인물이 총을 쏘면 상대방이 피를 토하며 죽는 모습이 아주 리얼하다. 100명이 고립된 섬에 들어가 싸우는데 마지막까지 살아남는 최후의 1인이 되는 게 목표이다. 최후의 1인이 되기 위해서 필요에 따라 팀으로 움직이기도 하고, 같은 팀 안에서 서로 싸우기도 한다.

그런데 이 게임에서 의외의 싸움 기법이 있으니 바로 '간디메타'라고 불리는 방법이다. 맞다, 비폭력 운동으로 인도를 영국의 지배에서 해방시킨 바로 그 '마하트마 간디'의 이름에서 따온 게임 용어이다. 이름처럼 싸우지 않는 기법, 즉 숨어서 최대한 오랫동안 버티는 기법을 가리키며, 초보자도 생존율을 높이는 데 유용하게 사용하는 기술로 알려져 있다.

게이머들이 말하는 간디메타 기술에는, 낙하산을 타고 적진으로 내려올 때 대도시나 밀리터리 베이스 같은 핫 플레이스를 피해 적을 만날 확률이 가장 적은 곳으로 내려온다든지, 아이템을 구할 때는 무기도 무기지만 생존템(의약품, 부스터, 총알)을 챙기는 데 주력한다든지 하는 것이 있다. 또 전투는 소극적으로 하고, 건물 안에 들어가면 적이 들어오지 못하도록 문을 닫는 것도 간디메타 기술의 하나이다. 그리고 필요한 것도 찾고 적당히 숨을 곳도 찾았다면, 숨은 채로 시간을 죽이면서 눈치싸움을 벌인다.

이 전술을 잘 펼치려면 최후의 싸움이 벌어질 때까지는 적을 봐도 못 본 척하고 숨어 있어야 하는데, 한 군데 가만히 있는다고 되는 것은 아니고 눈치껏 이동을 잘해야 한다. 싸움을 피하면서 이동하는 것도 기술이라고 게이머들은 말한다. 이들에 따르면 간디메타로 일등을 하기는 어렵지만, 초보자가 10위권에 들 수 있는 유력한 방법이 바로 간디메타라고 한다. 배틀 그라운드는 생존 게임이기 때문에 이러한 전술이 가능한데, 그렇다고 늘 이 방법만 쓰면 굉장히 재미가 없고 다른 게이머들에게 손가락질을 받을 수 있다고 한다.

간디메타로 한 명도 안 죽이고 일등을 하는 게임을 중계로 본 적이 있는데, 플레이어가 정말 긴박하게 요리조리 피해 다니는 것이 보였다. 간디메타로 살아남기는 쉬운 일이 아니었다. 한 곳에 잠복해서 가만히 있는 것이 아니라 어디에서 폭격이 벌어지고 어디에서 싸움이 일어나는지를 계속 살폈다. 적극적으로 싸움을 벌이고 있지 않을 때에도 현재 싸움이 벌어지는 곳의 위치와 상황을 잘 알아야 적을 피할 수가 있기 때문에, 전투를 하고 있을 때와 똑같이 아주 바쁘게 움직였다.

요즘 '버티기'라는 말이 크게 유행하고 있다. '존버 정신'(존나게 버티기의 준말)이라는 말도 심심치 않게 듣는데, 이 말은 원래 주식이나 가상 화폐 시장에서 "가격 하락된 종목이라도 버티면 다시 오른다"는 뜻으로 쓰는 은어로, 실제 삶에서도 원하는 결과를 얻을 때까지 힘든 상황을 잘 버티자는 의미로 많이 쓰는 것 같다. 우리가 버티는 이유는, 가진 에너지가 많지 않고, 따라서 상황을 반전시킬 만큼 힘이 없기 때문일 것이다. 버티기는 현재 가지고 있는 에너지를 가장 가늘고 길게 쓰는 방법이 아닌가 하는 생각이 든다. 특별한 희망도 찾기 힘들고 그렇다고 절망하기에도 이른 상황에서 버티기는 엄연한 현실적인 대안이다.

버티는 것은 때로는 유일한 전략이 될 수 있는데, 오래 버티기는 정말로 어렵기 때문에 힘든 상황에서 오래 버티는 사람을 보면 저절로 존경심이 우러난다. 문제는 계속해서 버티기만 하다 보면 형세가 바뀌는 것을 감지하지 못하거나 변화를 일으키는 데 필요한 에너지를 버티느라 다 써버려서 아무런 변화도 일으키지 못하고, 그래서 더 버텨야 하는 악순환에 빠질 수 있다는 점이다.

살다 보면 나 때문이나 누구 때문이 아니라 그냥 삶이 전혀 뜻밖의 지형을 우리에게 제공하기도 한다. 갑자기 교통사고가 난다거나, 천재지변이 일어난다거나, 가족이나 사회 안에서 일어난 일 때문에 내 삶이 흔들린다거나 하는 것이다. 그런 상황에서는 버티는 것 말고는 방법이 없다. 그냥 가만히 있는 것이 아니라 그 지형이 변화할 때까지 몸을 낮춘 채 귀를 열고 상황의 변화를 주시해야 한다. 어쩌면 요리조리 피해 다녀야 할 수도 있다.

중년의 부모가 청소년 자녀와 싸우다가 지칠 대로 지쳐서 상담을 오는 경우가 종종 있다. 그런데 이들은 대개 자녀의 청소년 시기와 맞물려 중년의 위기까지 찾아와 괴로움이 증폭된 상태인 경우가 많다. 이런 상황에서 자녀를 억지로 상담을 받게 하거나 부모가 직접 상담 기술을 배우려고 하는 경우를 많이 보는데, 이 때 그들에게 가장 필요한 기술이 바로 간디메타가 아닐까 싶다.

청소년 시기는 신중한 생각, 계획과 시뮬레이션, 이해와 반성 등의 기능을 하는 전전두엽 피질이 아직 다 자라지 않은 상태이다. 부모보다 또래 친구들의 말이 더 큰 영향력을 발휘하며, 미래보다는 지금 당장의 흥미나 이익이 훨씬 더 크게 다가온다. 또한 지금까지 무조건적으로 흡수해 오던 세상의 규율과 부모가 정해준 규칙에 질문을 던지고 부딪쳐보는 시기이기도 하다. 이는 청소년이라면 누구나 겪는 자연스러운 발달 과정인데, 부모들은 아이가 왜 부모에게 대드는지, 왜 자신의 미래를 위해 공부를 하지 않는지, 공부가 하기 싫다면 왜 진짜 하고 싶은 일은 없는지, 왜 게임이나 친구에 빠져 있는지 너무너무 답답해한다. 아이를 위한 이러한 걱정과 더불어, 부모의 권위에 대항하는 자식이 자신을 무시한다는 기분도 들고, 부모의 가치관에 딴지를 거는 행위가 마치 자신을 배척하는 것 같은 기분도 들어서 허망해지고 화가 나고는 한다.

이런 문제로 가슴을 치며 답답해하는 부모들에게 내가 자주 하는 말이 바로 "기다리세요. 버티세요"이다. 자라고 있는 이빨은

교정할 수 없고, 시력이 변하고 있는 때에는 라식 수술을 할 수 없으며, 자기가 누구인지 한창 실험을 하고 있는 청소년기에는 그 시기에 자동으로 발산되는 반항 기질을 막을 수 없다. 여기에서 핵심은 그냥 버티기가 아니라 '눈치껏' 버티기이다. 아이의 변화 과정을 주의 깊게 지켜보고 그에 맞게 부지런히 움직이면서 버티는 것이다.

부모와 청소년 자녀 사이에 갈등이 생기면 부모들은 당장 자녀의 문제점을 고쳐줘야 할 것 같은 다급한 마음이 든다. 지금 바로 잡지 않으면 아이를 망쳐버릴까봐 겁이 난다. 물론 자녀가 법을 어기고 심각한 문제를 일으켜서 전문가와 기관의 개입이 필요한 경우도 있다. 하지만 그런 상황이 아니라면 보통 청소년들이 보이는 반항의 성격에 대하여 알아보고 그 시기를 버텨야 할 것이다.

청소년 시기는 인생에서 가장 급변하는 시기이다. 급격한 호르몬 변화와 아직 덜 자란 뇌로 인하여 이십대 초반까지도 감정이 오락가락하고, 또래 친구들의 영향을 잘 받으며, 위험한 행동을 하거나 충동 조절을 잘 못해서 문제를 일으키기도 한다. 이것은 누구나 겪는 인간 발달의 한 과정이다. 이런 과정에서 부모들은 생물학적으로 자녀를 보호하게 되어 있고, 자녀들은 생물학적으로 부모로부터 독립을 하게끔 되어 있다. 이 모든 것은 정상이지만, 보호하려는 부모의 본능과 독립하려는 자녀의 욕구가 충돌을 빚는 것이다.

"우리 애가 얼마나 착하고 말을 잘 들었는데요." 청소년 부모들을 상담하다 보면 늘 듣는 이야기이다. 다른 집 아이들은 다 착한데 우리 집 아이만 이상해졌다는 식의 이야기도 자주 듣는다. 다른 집 부모들끼리 서로 솔직하게 대화를 안 하는구나 싶다. 그런 착하고 말 잘 듣던 아이가 사라지고 괴물 같은 녀석으로 변한 것이 슬플 수도 있겠지만, 그 천사 같은 아이는 이제 없다는 사실을 먼저 받아들여야 한다.

다음은 청소년 상담사들이 말하는 '정상' 청소년들의 '정상' 행동을 정리해 본 것이다.

- 청소년을 키우고 있다면, 당신 삶의 BGM은 자녀의 콧방귀, 눈 굴리는 소리이다. 익숙해져라. 25살쯤 되면 끝날 것이다.
- 당신은 자녀를 미워할(사랑할) 것이고, 자녀도 당신을 미워한다(사랑한다). 어떤 행사가 있을 때 부모님이 오면 부끄러워서 죽으려고 할 것이지만, 만약 당신이 안 가면 섭섭해할 것이다. 이것은 그들의 호르몬 탓이지 당신 잘못이 아니다.
- 청소년 딸들은 자신이 너무 뚱뚱하거나(너무 말랐거나, 너무

못생겼거나, 너무 작거나, 너무 크거나……) 암튼 뭔가가 잘못되었다고 생각할 것이다. 이것은 당신의 잘못이 아니다. 아무리 딸에게 "너는 너 있는 그대로 예쁘다"고 말하고 키웠다고 하더라도 별 소용이 없을 것이다.

- 당신에게는 엄청 못되게 굴면서 다른 사람들에게는 친절할 것이다. 이는 매우 정상이며, 집이 편하다는 뜻이기도 하다.
- 그들은 멍청한 선택을 할 것이다. 그리고 괜찮을 것이다. 실수를 전혀 하지 않고 크게 된다면, 위험을 감수하지 않는 어른이 된다.
- 그들의 방이나 그들이 지나간 자리는 지저분할 것이다. 아마 엄청 냄새도 날 것이다. 이것은 호르몬의 영향이라기보다 청소년들이 보이는 게으름의 특징이다.
- 그리고 이 모든 것은 지나갈 것이다.[12]

물론 이러는 자녀가 미워죽겠지만, 그렇더라도 소통을 끊거나, 포기하거나, 사랑을 표현하기를 멈추지 말라고 전문가들은 조언한다. 밥상에서 마주보고 심각한 목소리로 이야기하는 것은 너무 부담을 느낄 수 있으므로, 차를 타고 가면서 옆에 나란히 앉아서 이야기한다거나 뭔가를 같이 하면서 옆에서 자연스럽게 말을 걸어보라고 그들은 말한다.

비단 청소년 자녀와의 관계에서만 이런 버티기를 해야 하는 것은 아니다. 살다 보면 서바이벌 게임의 버티기 같은 것을 해야 하는 순간들이 종종 온다. 그러나 그런 순간에도 살아남는 데에만 온 힘과 에너지를 쏟는다면 삶의 즐거움을 모르게 될 것이다. 그러니 문제를 해결하는 데에만 온 마음과 시간을 쓰지 말고, 어떻게 나를 지키며 이 시기를 살아남을까를 먼저 생각하자.

청소년 자녀 때문에 힘겨운 부모라면, 먼저 부부가 서로를 돌보고, 친구나 동료들과 기분 좋은 시간을 보내고, 나 혼자만의 건강한 시간도 보내야 한다. 자녀를 억지로 상담실로 데리고 오느라 돈과 에너지를 쓰는 대신 오히려 그 돈과 에너지를 자신을 위해 쓰면서 잘 버티면 좋겠다. 간디메타를 하는 게이머들의 말을 다시 기억해 보자. "간디메타로 끝까지 버틸 수는 있겠지만 재미가 없다." 그러니 자녀 문제 등 현재 부딪쳐 있는 문제가 자신의 삶을 다 장악하게 두지 말고 다른 데서 재미를 찾자. 그러다 보면 이 또한 지나가리라.

싸움도 불사하는 '사랑'을 하자

이 책을 쓰다가 막혔다. '싸움'이라는 주제를 탐구하면 탐구할수록 중요한 주제라는 생각이 들었고, 사람들에게 정말 도움이 되는 책을 쓰고 싶었다. 그런데 이 주제가 너무나 크고 복잡해서 자꾸 길을 헤맸다. 여러 사람들에게 물어보았는데, 싸움은 너무나 보편적인 삶의 경험임에도 불구하고 싸움이 어떤 단계를 거쳐서 어떻게 일어나고 어떻게 확산되고 어떻게 마무리되는지 이야기해 주는 사람을 만나기는 힘들었다.

사람들은 싸움 자체에 대한 이야기보다 자신이 어떤 상처를 받았는지 이야기하고는 했고, 내가 싸움에 대한 책을 쓰고 있다고 하면 싸움에서 이기는 방법을 알고 싶어 했다. 혹은 싸움과 평화에 대한 '지당하신' 가르침을 주려고도 했다. 주변 사람들과 싸움에 대한 대화를 해보면서 더 생각이 막혔고, 결국 배낭을 메고 인도로 여행을 떠났다.

배낭 여행을 하다 보니 숙소나 카페나 기차나 버스에서 여러 나라에서 온 다른 여행객들과 잠깐잠깐 이야기를 나눌 수 있었는데, 대화는 늘 비슷하게 진행되었다. 첫 질문은 어디서 왔는지 하는 것이고, 두 번째 질문은 여기에 왜 왔는가 하는 것이었다. 싸움에 대한 글을 쓰려고 왔다고 하자 그들은 내게 사람들이 왜 싸우는지 물었고, 나는 아직 그 답을 못 찾았다고 말했다. 그 다음에는 내가 물었다. "사람들이 왜 싸운다고 생각하세요?"

"젊을 때는 여자 때문에 싸우고, 나이 들어서는 돈 때문에 싸우지요." 인도에서 유학하고 있는 한국인 대학생의 답이다.

"부모의 기대 때문에 부모와 싸워요." 여행중인 삼십대 초반 한국인 여성의 대답이다.

"우리는 안 싸워요. 우리는 가족을 무엇보다 중요하게 생각하죠. 우리 문화에서는 언제나 가족이 함께해요." 공무원으로 일하다가 예순 살로 정년퇴직을 하고 가족들과 함께 친지를 방문하고 있다는 멋진 전통 의상 차림의 인도 남성의 대답이다.

"화가 나면 상대방 말을 듣지 않아서인 거 같아요. 그때는 상대방의 말이 잘 안 들리잖아요." 6개월 동안 배낭 여행중인 영국인 엔지니어의 말이다. 훨씬 더 길게 이야기를 했었는데, 너무나 잘생긴 그의 얼굴을 쳐다보느라 그의 말이 잘 들리지 않았다.

"이전에는 물건이 찢어지거나 망가지면 고쳐서 썼어요. 하지만 이제는 고치거나 하지 않고 그냥 버리지요. 이것은 인간 관계에서도 마찬가지예요. 문제가 생기면 그냥 관계를 버리는데 이것이 싸움의 원인이에요." 우연히 카페 옆자리에 앉아서 카푸치노를 홀짝홀짝 마시던 긴 수염과 흰색 도포 차림의 요기의 말이다. 깊은 히말라야 산속 수행처에서 내려와 유럽으로 설파하러 가는 길이라고 했다.

"종교를 제대로 믿으면 싸우지 않아요. 종교의 사랑은 싸움을 멈추게 하지요." 마음에 드는 일본인 여성의 환심을 사기 위해서 요가 수업에 들어왔다가 요가에 반했다는 삼십대 초반의 부동산 업자인 인도 남자의 말이다.

"상대방의 말을 정말로 들을 수 있으면 싸우지 않게 돼요. 우리는 듣는 법을 잊어버려서 싸워요." 한국 유학생 출신으로 한국말이 유창한 인도 청년의 이야기이다.

"싸운다는 건 자아를 향한 열정이 있기 때문이야. 내가 하고 싶은 게 있는데 누군가 때문에 못한다는 생각…… 그래서 '너 때문이야'라고 말하는 것 같아. 그런데 하고 싶은 일이 있으면 더 치열하게 하면 되는데, 스스로 그렇게 하지도 못하니 너에게 또 나에게 화가 나는 게 아닐까?" 늘 낚시하러 가고 싶은데 못 가는 친구의 말이다.

여러 사람의 이야기를 들었지만 답답함은 해소되지 않았다. 그러다가 책방에서 우연히 본 틱낫한 스님의 《싸우는 법*How to Fight*》이라는 작은 책은 정말 반가웠다. 어쩌면 이 안에 답이 있을 수도 있겠구나 싶었다. 하지만 이 책은 화가 날 때 자신의 마음을 바라보고 그 안에 두려움이 있음을 알아차리라는 조언으로 가득했다. 아름다운 진리의 말이지만, 내가 찾는 것은 그런 진리의 말씀이 아닌 것 같았다. 멀리 있는 새는 보아도 내 눈앞에 있는 속눈썹은 못 보는 나 같은 중생이, 안 싸우면 좋겠지만 그래도 싸울 일이 계속 생기는 평범한 사람이, 어떻게 싸워야 하는지에 대한 가이드가 필요했다.

'싸움'에 대한 질문을 계속 하고 또 사람들의 대답을 들으면서 한 가지를 깨달았다. 내 질문의 방향이 유용하지 않다는 점이다. 우리는 죽을 때까지 '왜' 싸우는지 탐구해 볼 수 있지만, 왜 싸우는지 안다고 해서 싸움이 없어지지는 않는다. 또 '왜'라는 질문만 할 것이 아니라 '어떻게' 싸움이 일어나고 움직이는지 그 메커니즘을 이해해야 한다는 생각이 들었다. 싸움은 너무나 많은 사람들이 하고 있지만 그 메커니즘을 알기 어려운 이유가, 싸움이 생각하고 싶지 않고 피하고 싶은 일이기 때문인 것 같았다. 또한 싸움이 현재 벌어지고 있는 상황이라면 감정이 크게 고조되어 있어 객관성을 갖고 싸움을 바라보기 힘든 것도 이유인 것 같았다.

또 싸우고 있을 때 나오는 '자아'가 어른인 내가 아니라 내 안에 있는 어린아이일 가능성이 크다는 점도, 싸우는 와중에 무슨 일이 벌어지고 있는지를 이해하기 어렵게 하는 이유가 아닐까 싶다. 내 안의 아이가 미숙한 감정과 미해결 과제를 가지고 나와서 화를 내고 씩씩거리며 싸운다. 떼쓰는 아이에게 "너 왜 떼를 써?" 하고 아무리 물어도 정확하게 설명하지 못하는 것처럼, 미숙한 감정과 미해결 과제를 가지고 나와서 화를 내고 씩씩거리며 싸우는 내 안의 어린아이가 자신이 왜 그러는지 이성적으로 설명하기는 어려울 것이다.

이런 이유로 나는 '왜?'라는 질문과 '어떻게?'라는 질문을 분리해서 할 필요를 느꼈다. 왜 싸우는지 정말 알고 싶지만, 꼭 그 이유를 알아야만 '어떻게' 싸울지 그 방법을 단련할 수 있는 것은 아니다. 물이 왜 있는지 알고 싶지만 그 이유를 모른다고 해서 물을 못 마시는 것은 아니며, 자신이 태어난 이유를 몰라서 답답할 수는 있어도 그렇다고 해서 풍요롭고 행복한 삶을 살 수 없는 것도 아니다. 그럼에도 인간은 끊임없이 '왜?'라는 질문을 한다. '왜'라는 게 그렇~게 궁금한 게 인간이다.

사람들과 싸움에 관한 대화를 하다 보면 자꾸만 근본적이고 원론적인 이야기로 빠지고는 했는데, 나 또한 이 책에서 '왜?'라는 질문에 대답을 해보고자 노력하기는 했다. 이것이 싸움의 이유에 대한 근원적인 답일지는 잘 모르겠지만, 내가 이해하는 바를 정리하자면 이렇다. 우리는 가까운 사람들로부터 인정받고 싶고, 이해받고 싶고, 나라는 존재가 긍정되기를 바란다. 나에게 소중한 그 사람이 나에게 동의해 주기를 바라고, 나의 생각에 같이 공명해 주기를 바란다. 내가 옳다고 생각하는 것에 기꺼이 같이 옳다고 해주기를 바란다. 내가 깊게 느끼는 자신의 가치를 함께 봐주기를 원한다. 그런데 그러한 바람이 어긋나거나 기대하기 어렵게 될 때 싸움이 일어나는 것 같다.

관계 안에서 일어나는 어떤 싸움도 한쪽이 완전히 지거나 한쪽이 완전히 이기는 경우는 없을 것이며, 따라서 "당신이 옳았어" 또는 "내가 잘못했어"라는 말을 듣기도 쉽지 않을 것이다. 끝까지 싸우더라도 완전한 패배나 완전한 승리는 없으며, 두 사람 모두 싸움이 처음부터 끝까지 편하진 않을 것이다. 하지만 싸움을 잘 하고 나면 둘 사이에서 갈등을 일으키는 핵심 주제를 발견할 수 있다.

우리는 싸움을 통해서 자신의 어떤 급소가 건드려지는지, 자신이 무엇에 반응하는지 알게 된다. 이것을 통해서 자신이 스스로를 설명해 오던 이야기의 허점을 보게 되고, 스스로와 상대방에게 주입시켜 온 관계의 프레임이 무엇인지 알게 된다. 더 나아가 스스로를 방어하고자 발동시켰던 방어 기제를 멈추고 상대방에게 씌운 투사를 거두어들인다면, 싸움을 일으킨 갈등을 넘어서서 관계가 더 성장하게 된다. 그렇게 되면 더 이상 잘잘못을 따질 필요가 없어진다. 이때 싸움은 한마디로 관계의 성장과 자기의 이해라는 더 큰 목적에 기여하게 된다. 불편함을 감수하고 끝까지 싸울 수 있다면 말이다.

싸움이 없는 관계, 즉 서로 찌를 수도 없고 포옹할 수도 없는 관계는 이 책의 관심사가 아니다. 그런 의미에서 이 책은 요즘 유행하는 '관계의 거리두기'라는 메시지를 담은 책들과는 반대의 목표를 가지고 있다. '거리두기'는 아마 전통적인 한국 사회의 끈적거리는 관계에 대한 반항심에서 나온 것일 것이다. 하지만 관계에서 상처를 입었다고 관계에서 멀어지는 것이 대안은 아닐 것이다. 내 생각에 '거리를 둔다'는 것은 타인으로부터 건드려지기 싫고 상처받기 싫은 이 시대에 대한 진단이지 처방은 아니다.

인터넷과 SNS의 '좋아요'는 아무런 저항이나 갈등을 일으키지 않는 관계들을 만들어주고,[1] 사람들은 이런 마찰 없는 관계를 점점 더 선호하게 되는데, 우리는 이런 방식으로는 행복한 삶을 살기가 어렵다. 타인이 주는 불쾌한 자극이나 상처로부터 자신을 지킬 수 있을지는 모르지만, 이와 동시에 타인으로부터 긍정적인 자극을 받거나 깊은 위로를 받는 것도 어려워진다. 그러다 보니 지루함, 우울증, 번아웃burn-out, 절망 등등 현대의 병에 취약해진다.

또한 코로나 19로 인하여 우리는 오히려 가까운 사람들과의 관계가 무엇보다 중요한 시기를 보내고 있다. '자가 격리'와 '비대면 접촉'과 '사회적 거리두기'로 인해, 우리는 집과 집에 있는 사람들을 떠나서 달리 갈 데도 없고, 가까운 관계가 주는 압박을 피하기 위해서 다양한 거리의 다면적인 관계를 맺을 수도 없다. 코로나 확진자가 된다면 함께 격리가 될 수 있을 정도로 가까운 사람하고의 관계가 가장 중요한 시기를 보내고 있다.

찌를 수도 있지만 껴안을 수도 있는 관계, 상처를 줄 수도 있지만 치유를 할 수도 있는 관계가 삶에서 가장 중요한 관계이다. 싸움을 하는 동안에는 못난 말들이 튀어나오고 찡그린 표정이 나오지만, 그 속에는 서로에게 인정받고 사랑받고 싶은 연약한 마음이 들어 있다. 그러니 그 못남과 찡그림에도 불구하고 그 여린 사랑의 이야기를 들어서 그 사람의 뾰족함을 끌어안을 수 있게 되기를, 나도 여러분도 그럴 수 있는 싸움을 하게 되기를 진심으로 바란다.

이 책은 어떻게 하면 우리가 좀 더 정정당당히 싸우고, 무의식적인 투사로 인한 싸움은 피하며, 실제로 바꾸면 되는 것들은 바꿔서(설거지의 예처럼) 인격 싸움으로 번지는 것을 막고, 다룰 수 없는 것(이 책에서 내가 '급소'라고 부른, 트라우마로 인하여 아물지 않은 상처로, 이는 싸움이 아니라 치료가 필요하다)은 넘어가고, 정말 싸워야 할 때는 용기 있게 관계의 위험을 감수하고서라도 싸우자는 말을 하고 있다.

나는 이 책을 동등한 위치에 있는 두 사람의 관계를 염두에 두면서 썼다. 친구, 동료, 애인, 부부처럼 동등한 힘의 위치에 있는 사람만이 정정당당한 싸움을 할 수 있겠다는 생각이었다. 그런데 싸움을 자세히 들여다보면 볼수록 '동등한 위치에 있는 두 사람'이라는 전제가 어렵겠다는 생각이 든다. 이것은 우리 인간이 자신과 타인의 관계를 위아래로 끊임없이 저울질하면서 더 큰 권력을 장악하려는 노력을 멈추기 어려운 존재이기 때문일 것이다.

힘의 불균형은 싸움의 역동에 아주 크게 작동한다. 역사적으로 보더라도 권력이 있는 사람들은 현재 상황status quo을 유지하려고 하고, 권력을 갖지 못한 사람들은 불만을 제기하고 시정을 요구하며 변화를 촉구한다. 부부 관계에서도 보통 부인이 권력을 덜 갖고 있기 때문에 요구하는 쪽이 되고 남편은 권력을 더 많이 갖고 있기 때문에 회피하는 쪽이 된다는 이론도 있다.

한 여성의 남편이자 시민 운동가인 친구와 남녀의 요구-회피 싸움의 유형에 대하여 대화하고 있었는데 그 친구가 이런 말을 했다. "보편적으로 그렇기는 한데, 한 화면에 들어오는 관계가 다른 화면으로 넘어가면 사람들은 전혀 다른 역할을 하기도 해." 모든 관계의 갈등은 힘의 불균형 및 권력을 위한 투쟁과 무관할 수가 없다는 말이었다. 기업을 대표하는 변호사들이 이성적이고 침착하게 협상을 할 때, 일터를 뺏긴 노동자들이 단식 투쟁을 하고 절규를 하는 이유는 그들이 특별히 더 감정적이어서가 아니라 힘의 불균형 때문이다.

실제로 권력을 가지면 공감력이 떨어지고 타인의 이야기를 경청하지 않는다는 연구 결과가 많다. 일반적으로 여성이 공감력이 높은 이유가 여성이 위험에 더 많이 노출이 되어서라는 사회심리학 연구자들의 주장도 있고, 다른 성별과 직급의 사람들이 함께 팀으로 일할 때 더 공감적인 구성원은 여성이 아니라 팀에서 더 낮은 계급의 사람이라는 연구도 있다.[2] 그렇다면 우리는 남성이나 여성이라는 특징에 묶여 관계 안에서 어떤 고정된 역할을 할 것이 아니라 힘의 균형을 위해서 노력해야 할 것이다. 그리고 그 노력이 때로는 싸움의 형태일 수도 있다.

어쩌면 싸움을 잘하는 것보다 나와 상대방의 힘의 균형을 맞추는 것이 더 핵심적인 문제일지도 모르겠다. 내가 화를 내면 상대방이 나를 버릴 것 같아 화를 참는다면 이는 힘의 균형을 이룬 관계가 될 수 없다. 힘이 없는 사람이 상대방을 자신에게 묶어놓기 위해 다양한 덫을 놓는다면 이 또한 균형의 관계가 될 수 없다. 정정당당히 싸우려면 힘의 균형부터 맞추어야 할 것이다. 그리고 균형은 멈춤이 아니라 계속 움직이면서 맞추는 시소 타기 같은 것이라는 생각이 든다.

상대방한테서 마음에 안 드는 면이 보이면, 먼저 상대방에게 무언가 불만스러워하는 내 마음을 살피고, 상대방이 속상해서 울어도 애 같다거나 왜 이렇게 감정적이냐며 무시하지 말자. 우리는 사랑하는 사람 앞에서 좀 모자란 사람처럼 군다. 그러니 상대방이 좀 모자라고 부끄러운 행동을 보여도 관대하게 넘어가자. 부족한 면은 사실 나도 만만치 않으니 너그럽게 봐주자. 그래도 꼭 싸워야 한다면,

급소를 피하고,

화를 내되 경멸하지 말고,

쓰러진 사람을 또 찌르지 말고,

싸잡아 싸우지 말고,

꼬투리 잡지 말고,

무엇보다 개싸움은 피하고,

싸웠다면 싸운 만큼 회복하자.

"타자를 위해 자신을 후퇴시킨다"는 철학자 한병철의 말이 나의 심장 깊숙이 훅 하고 들어왔다.[3] 타자를 위해 공간을 내어주고 자신의 가치, 믿음, 확고한 삶의 패턴들을 후퇴시킬 수 있느냐 없느냐 하는 것을 보면, 주체인 나와 주체인 당신이 관계를 맺을 수 있는지 없는지를 가늠할 수 있다. 내가 세상의 중심이라고 외치는 나와 자신이 세상의 중심이라고 외치는 상대방이 만나 싸우다 보면, 상대방에게 내 안의 공간을 내어주어야 할 때도 있고, 쭈그리고 있던 아이가 버럭 화를 내고 일어나서 문을 박차고 나가게 될 때도 있을 것이다. 이런 관계에서 우리는 상처를 입기도 하겠지만 더 용감해지기도 할 것이다.

나는 '썸'과 '거리두기'와 '신경 끄기'가 삶의 기술로 각광을 받는 이 시대에, 마찰이 있고 싸울 수도 있는 관계를 기꺼이 만들어 보자고 말하고 있다. 불편한 마찰과 자신의 존재가 흔들려지는 경험을 통해서야, 너와 내가 각자 만들어 믿고 있는 스토리에서 자유로워질 수 있고, 싸움을 통해서야 싸움도 불사하는 사랑을 경험할 수 있다.

매우 귀찮지만 너와 내가 함께 살려면 우리의 관계를 흔들어도 보고 관계의 배치를 바꾸어도 보아야 할 것이다. 소중한 관계를 지키기 위해서라면 싸움도 불사하는 '사랑'을, 그리고 내가 나를 지키는 것으로 자신에 대한 사랑을 증명하는 '싸움'을 해보라고 권유하고 싶다.

이 책을 쓰는 내내 마음이 괴로웠다. 내가 싸운 모든 사람들과의 에피소드가 하나하나 다 떠올랐기 때문이다. 나는 스스로 싸우지 않는 사람임을 자랑스럽게 생각했지만 이 책을 쓰면서 내가 얼마나 많이 싸워왔는지 깨달았다. 대놓고 싸웠던 적은 별로 없지만, "나는 싸우지도 않고 화를 내지도 않았는데 상대방이 화를 내더라"라는 식의 시나리오를 많이 써왔음을 알았다. "나는 착하고 재는 이상해"라고 생각했던 기억들도 떠올랐는데, 이런 기억은 내가 비겁하게 싸웠다는 증거였다. 그것을 깨달으니 과거의 그들을 한 명 한 명 찾아가서 사죄하고 싶어졌다.

나와 싸워준 친구들에게 마음 깊이 감사와 존경을 보낸다. 특히 이 책을 쓰기 전부터 또 쓰는 내내 계속 대화하고 싸워준 마음 친구 이혜영에게 사랑과 고마움을 전한다. 친구가 포기하지 않고 끈질기게 싸워준 덕분에 이 책을 쓸 수 있었다. 이 책의 원고를 읽어주고 자신의 싸움 이야기를 들려준 모든 사람들에게도 감사의 말을 전한다. 싸움의 이야기는 자기의 깊은 곳을 건드린다. 그럼에도 불구하고 당신의 이야기를 들려주어서 이 책이 태어날 수 있었다. 그리고 그동안 살면서 정정당당하게 싸우지 못했던 수많은 사람들과 내 삶에서 함께 싸워준 그들에게 사죄와 사랑을 보낸다.

싸움의 약속

싸움의 약속은 싸울 때 하는 것이 아니라, 관계가 평화롭고 좋을 때 미리 해놓는 것이다. 싸움은 피할 수가 없을 것이며, 그 상황이 되었을 때는 어떻게 행동하면 좋은지 현명하게 판단하기 어렵다. 그러하므로 싸울 때 어떻게 행동할지를 사전에 미리 정해놓는다. 이 약속은 싸움에 임하는 최소한의 규칙이다.

__________와 __________는 정정당당하게 싸우겠다고 약속한다. 우리의 싸움 목표는 누가 옳고 누가 틀렸는지를 판명하는 것이 아니라, 서로에 대해 더 깊이 이해하고 소통하는 데 있음을 기억한다. 이를 위해서 우리는 어떻게 싸울지 의논하고, 다음과 같은 원칙을 정한다.

이 관계에서 서로가 바라는 기대는 다음과 같다:

나, __________가 이 관계에서 바라는 기대는 ____이다.

나, __________가 이 관계에서 바라는 기대는 ____이다.

우리는 아무리 심하게 싸우더라도 다음과 같은 말과 행동은 하지 않는다.

하지 말아야 할 말:

하지 말아야 할 행동:

---

4. 타임아웃

화가 너무 많이 나거나 싸움이 너무 과열되면 타임아웃을 하기로 한다. 타임아웃은 둘 중 아무나 부를 수 있으며, 다음과 같은 말로 타임아웃을 부르기로 약속한다.

예: "우리 지금 너무 과열되어 있는 것 같아."

---

5. 회복

싸움이 끝난 후에는 냉담한 상태로 있지 않고 회복을 위해 노력하기로 약속한다. 둘 중 한 사람이 제시한 회복의 방법이 마음에 들지 않더라도 응해주려고 노력한다. 하지만 마음이 영 내키지 않는다면 무시하고 넘어갈 게 아니라 아직 준비가 되지 않았음을 알리고, 구체적으로 언제 다시 회복을 시도할지 논의한다.

회복을 위한 행동

1. ______________________________

2. ______________________________

3. ______________________________

날짜 ____________________

서명 ____________________

서명 ____________________

주

들어가며

① 야마기와 주이치山極壽一는 《인간 폭력의 기원》(한승동 역, 곰출판, 2018)에서 인류가 수렵 도구를 사용하기 시작한 것은 700만 년의 진화 역사 가운데 고작 40만~50만 년 전부터이며, 인간을 대상으로 사용한 것은 기껏해야 1만 년 전이라고 한다. 무기를 사용한 전쟁의 증거는 약 1만 년 전 농경이 시작된 이후에야 발견된다. 무리 생활을 하는 영장류는 일반 포유류보다 폭력으로 인한 사망률이 두 배 정도 높은데, 인간의 경우 문명화 이후 10~20배나 급증했다는 연구 결과가 있다. 즉 오늘날 인간이 드러내는 폭력성의 뿌리가 동물적 본성이 아니라 문명에 있다는 주장이다.

1. 2010년, *Journal Social Psychological and Personality Science*에 발표된 연구이다. 대학생들을 대상으로 자기애성 목록(Narcissistic Personality Inventory)이라는 제목의 설문 조사를 한 바에 따르면, 대학생의 30퍼센트(1980년의 두 배)가 나르시시스트라는 충격적인 결과가 나왔다. 그렇다면 한국의 상황은 어떨까? 한국에서 나르시시즘이 증가하고 있다는 것은 직접적인 연구 결과보다 간접적인 증거로 나타난다. 한국이 전 세계에서 인구당 성형수술 건수가 가장 많은 곳이며, 화장품 산업, 특히 남성 화장품 산업이 급격한 성장세를 나타내고 있다는 점 등이 그 간접적인 증거이다.
2. MBTI 성격 유형 검사는 'Myers-Briggs Type Indicator'의 약자로 마이어스와 브릭스가 칼 융의 성격 유형 이론에 기초해서 만든 것이다. 외향성, 내향성, 감각, 직관, 사고, 감정, 판단, 인식의 8가지 지표를 가지고 16가지 성격 유형으로 나눈다. 에니어그램은 고대의 여러 전통에서 온 지혜와 현대 심리학을 결합해 인간 내면의 성향을 9가지 유형으로 나누어 보는 성격 유형 검사이다.
3. Mark Epstein, *Open to Desire* (Gotham Books, 2005), p. 173.

2. 우리는 왜 싸울까?

1. 유발 하라리, 《21세기를 위한 21가지 제언: 더 나은 오늘은 어떻게 가능한가》, 전병근 역 (김영사, 2018), 227~229쪽.
2. 게리 채프먼, 《5가지 사랑의 언어》, 장동숙 역 (생명의말씀사, 2010) 참조.
3. Esther Perel, "Rethinking Infidelity: a talk for anyone who has ever loved." https://www.ted.com/talks/esther_perel_rethinking_infidelity_a_talk_for_anyone_who_has_ever_loved/discussion
4. https://news.harvard.edu/gazette/story/2017/04/over-nearly-80-years-harvard-study-has-been-showing-how-to-live-a-healthy-and-happy-life/
5. https://www.npr.org/2017/06/19/533515895/be-bigger-fight-harder-roxane-gay-on-a-lifetime-of-hunger
6. Jeannette Winterson, *Why Be Happy When You Could Be Normal?* (Vintage Canada, 2012), p. 40.
7. 캐서린 문, 《스튜디오 미술 치료》, 정은혜 역 (시그마프레스, 2010), 88쪽.
8. Christensen, A., & Heavey, C.L., "Gender differences in marital conflict: The demand/withdraw interaction pattern,"

In S. Oskamp & M. Costanzo (Eds.), *Claremont Symposium on Applied Social Psychology*, Vol. 6. Gender Issues in Contemporary Society (Sage Publications, 1993), pp. 113~141.

9. Laurel Fay, "Caught in the Demand-Withdraw Cycle? Here's A Guide for Getting Unstuck," May 10, 2017, https://laurelfay.com/caught-demand-withdraw-cycle-heres-guide-getting-unstuck/
10. 임성민, 《청소 끝에 철학》 (웨일북, 2018), 24쪽.
11. 신승철, 《눈물 닦고 스피노자: 마음을 위로하는 에티카 새로 읽기》 (동녘, 2012), 62~63쪽.
12. 신승철, 같은 책, 291쪽.
13. 마오리 전사들이 전장에 나가기 전에 하는 호전적인 노래와 춤으로, 중요한 행사나 자리에서 추모와 존중, 용기를 표현하는 방식으로 쓰인다. 뉴질랜드 럭비 팀인 올 블랙All Black이 경기를 시작하기 앞서 하카를 추는 것으로 유명하다.

4. 싸움의 기술: 초급

1. https://emilymcdowell.com/collections/empathy-cards
2. 폴 블룸, 《공감의 배신: 아직도 공감이 선하다고 믿는 당신에게》

(시공사, 2019).

3. https://psychology.iresearchnet.com/social-psychology/social-cognition/just-world-hypothesis/
4. KBS, 〈아침마당〉 2018년 7월 12일, "화를 참아야 하나? 내야 하나?/ 분노 범죄, 누구 잘못이 더 클까?/ 분노 범죄에 대한 처벌, 강화해야 하나?"라는 질문 중 "분노 범죄에 대한 처벌, 강화해야 하나?"라는 질문에 '그렇다'는 ARS 2,743, 티벗 882, '아니다'는 ARS 246, 티벗 77로 나왔다.
5. 《경향신문》, 2018년 9월 21일자, '사유와 성찰.'
6. 베셀 반 데어 콜크, 《몸은 기억한다》, 제효영 역 (을유문화사, 2016), 527쪽.

5. 싸움의 기술: 중급

1. 고명석, 〈선문답 그리고 화두: 깨달음의 자리, 생각이 무너져야〉, 《불교저널》 2011년 9월 26일, http://www.buddhismjournal.com/news/articleView.html?idxno=5113
2. Amy Sutherland, "What Shamu Taught Me About a Happy Marriage," *New York Times* (June 2006), https://www.nytimes.com/2019/10/11/style/modern-love-what-shamu-taught-me-happy-marriage.html

③ Amy Sutherland, *What Shamu Taught Me About Life, Love, and Marriage: Lessons for People from Animals and Their Trainers* (Random House, 2008), 13쪽.

④ https://www.ted.com/talks/jia_jiang_what_i_learned_from_100_days_of_rejection

⑤ 최인철, 《프레임: 나를 바꾸는 심리학의 지혜》 (21세기북스, 2016), 66쪽.

⑥ https://m.blog.naver.com/PostView.nhn?blogId=b12144&logNo=20114918077&proxyReferer=https%3A%2F%2Fwww.google.com%2F

6. 싸움의 기술: 최고가 아닌 최후의 방법

① 《손자병법》, 제7 〈군쟁편〉.

② KBS 2014년 방영된 〈개그콘서트〉의 '깐죽거리 잔혹사' 대사 중에서.

③ 손자, 《손자병법》, 김원중 옮김 (휴머니스트, 2016), 17쪽.

④ 친닝추, 《여성을 위한 손자병법: 싸우지 않고 이기는 법》, 김미리 역 (이숲, 2017), 20~21쪽.

⑤ 친닝추, 같은 책, 92~93쪽.

⑥ 손자, 《손자병법》, 김광수 해석 (책세상, 1999), 145~146쪽.

⑦ 로버트 그린, 《인간 본성의 법칙》 (위즈덤하우스, 2019), 530쪽.

⑧ 야마기와 주이치, 《인간 폭력의 기원》, 21~22쪽.

⑨ https://ko.wikipedia.org/wiki/삼십육계

⑩ 강상구, 《마흔에 읽는 손자병법》 (흐름출판, 2011), 110쪽.

⑪ 허지웅, 《버티는 삶에 관하여》 (문학동네, 2014), 7쪽.

⑫ https://www.scarymommy.com/8-things-you-need-to-know-about-raising-a-teenager/

마무리 말

① 한병철, 《아름다움의 구원》 (문학과지성사, 2016), 9~10쪽.

② 테라스 휴스튼, 《왜 여성의 결정은 의심받을까?》 (문예출판사, 2017), 74쪽.

③ 한병철, 《아름다움의 구원》, 92쪽.

샨티의 뿌리회원이 되어
'몸과 마음과 영혼의 평화를 위한 책'을 만들고 나누는 데
함께해 주신 분들께 깊이 감사드립니다.

개인

이슬, 이원태, 최은숙, 노을이, 김인식, 은비, 여랑, 윤석희, 하성주, 김명중, 산나무, 일부, 박은미, 정진용, 최미희, 최종규, 박태웅, 송숙희, 황안나, 최경실, 유재원, 홍윤경, 서화범, 이주영, 오수익, 문경보, 최종진, 여희숙, 조성환, 김영란, 풀꽃, 백수영, 황지숙, 박재신, 염진섭, 이현주, 이재길, 이춘복, 장완, 한명숙, 이세훈, 이종기, 현재연, 문소영, 유귀자, 윤홍용, 김종휘, 이성모, 보리, 문수경, 전장호, 이진, 최애영, 김진회, 백예인, 이강선, 박진규, 이욱현, 최훈동, 이상운, 이산옥, 김진선, 심재한, 안필현, 육성철, 신용우, 곽지희, 전수영, 기숙희, 김명철, 장미경, 정정희, 변승식, 주중식, 이삼기, 홍성관, 이동현, 김혜영, 김진이, 추경희, 해다운, 서곤, 강서진, 이조완, 조영희, 이다겸, 이미경, 김우, 조금자, 김승한, 주승동, 김옥남, 다사, 이영희, 이기주, 오선희, 김아름, 명혜진, 장애리, 한동철, 신우정, 제갈윤혜, 최정순, 문선희

단체/기업

주/김정문알로에 KIM JEONG MOON ALOE CO. LTD.　환경재단　design Vita　PN풍년

사단법인 한국가족상담협회·한국가족상담센터

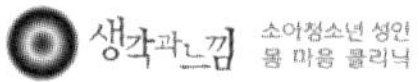

경일신경과 | 내과의원　순수피부과　월간 풍경소리　FUERZA

이메일로 이름과 전화번호, 주소를 보내주시면 샨티의 신간과 각종 행사 안내를 이메일로 받아보실 수 있습니다.

전화 : 02-3143-6360　팩스 : 02-6455-6367
이메일 : shantibooks@naver.com